心理臨床実践における連携のコツ

●

著

丹治　光浩　　渡部　未沙
藤田美枝子　　川瀬　正裕
大場　義貴　　野田　正人

星　和　書　店

Seiwa Shoten Publishers

2-5 Kamitakaido 1-Chome
Suginamiku Tokyo 168-0074, Japan

The Technique of Cooperation in the Clinical Psychology Practice

by

Mitsuhiro Tanji

Misa Watanabe

Mieko Fujita

Masahiro Kawase

Yoshitaka Oba

and

Masato Noda

まえがき

近年ほどさまざまな領域で「連携」の必要性が論じられている時代はないでしょう。心理臨床の領域も例外ではなく、「連携」を抜きに臨床活動をすることは不可能といっても過言ではありません。この本を手にされた臨床家の皆様も、実際に「連携」の必要性と重要性を強く感じていらっしゃると思います。世の中が複雑化すればするほど、また専門化が進めば進むほど、それらはますます大きくなっていくと考えられます。

これまで「連携」を論じた論文は数知れず（第I章参照）、国立国会図書館のNDL-OPACで「連携」をキーワードとして検索すると、二〇〇四年三月現在、八一八件の書籍がヒットしました。しかし、その多くは企業・産業、地域・社会、教育、医療などの領域で、心理臨床領域に関連するものは、教育現場において臨床心理士との「連携」を論じたものがわずかに数冊あるだけでした。その必要性と重要性が強く叫ばれながらも、心理臨床領域において「連携」を正面から扱った書籍がこれまでほとんどなかったことは、驚きと同時に、その難しさを感じさせます。

本書はこうした現状に一石を投じるものです。ただし、本書は書名を「…のコツ」としたものの、決していわゆるハウツウ本ではありません。したがって、読者の方々は著者らの実践を真似るのではなく、そこから発想された独自の連携法を考えていただきたいし、実際そうしなければ優れた「連携」は成しえないと思われます。なぜなら、普遍的で理想的な連携法といったものはなく、特定の方法がいつでもどこでも通用するとは限らないからです。

第Ⅰ章では、心理臨床の現場における「連携」について総論的に論じています。随所に散りばめられた「連携」実践のコツは示唆に富むものと思われます。

第Ⅱ章は、一九九五年から導入され、今や全校配置に向けて鋭意努力がなされているスクールカウンセラーにおける「連携」の問題です。この新しい分野において先陣を切って学校現場で活躍している臨床家の努力は並大抵なものではありませんが、今後もより効率的な「連携」が求められる分野です。

第Ⅲ章では、児童相談所における「連携」の実践例が紹介されています。特に近年増加傾向にある育児困難や児童虐待への取り組みは重要で、いずれも他機関との「連携」抜きには考えられないものです。

第Ⅳ章は、保育の現場における「連携」の問題です。前に述べたスクールカウンセラーと同様に、今後ますます重要になる分野と考えられます。学齢期以前の早い段階で子どもの心理的問題が発見され解決されることは、将来起こりうる問題を未然に防ぐ意味でも非常に重要です。

第Ⅴ章は、精神障害者の社会復帰に関する論述です。入院（施設入所）から地域への方向は医療、福祉を問わず時代の流れでもあります。これらを成功させるためのポイントはよりよい「連携」以外に考えられません。その点で本論は特に益するところが大きいと思われます。

第Ⅵ章は、司法領域（家庭裁判所）との「連携」について述べています。この領域は一般に機関の特殊性とあいまって「連携」をとりにくい領域の一つと考えられていますが、近年の青少年犯罪の量的・質的変化とともに、今後重要となるでしょう。

以上、各執筆者はいずれも臨床現場の第一線で「連携」を実践されてきた方ばかりです。読者の皆様が「連携」を考える際に、本書から何らかのヒントが得られたとしたら、執筆者の一人としてこの上ない幸せです。

二〇〇四年三月　桜間近の京都にて

著者代表　丹治　光浩

●目次

第Ⅰ章　連携の成功と失敗

一　連携とその必要性

1　連携とは何か

広辞苑第五版によれば、「連携とは同じ目的を持つ者が互いに連絡をとり、協力し合って物事を行うこと」とあります。連携と関連が深い言葉としては、ほかに「協力」とか「協同」などがあり、それぞれ微妙にニュアンスは違いますが、いずれも目標を共有し問題の解決に当たる点は同じです。また、近年は「協働（collaboration）」という言葉が使われるようになっていますが、現在でも「連携」という言葉が最も一般的に使用され、イメージもしやすいと思われます。

本章では、連携を「異なる立場の者同士が共通の目標の達成に向かって協力し合いながら進むプロセス」と定義し、話を進めたいと思います。

2　今なぜ連携なのか

「エイズ予防に教育含め連携」「大阪で産学連携交流の集い」「教育基本法に連携規定」といった新聞の見出しからもわかるように、近年あらゆる分野で連携の必要性が唱えられています。例えば、教育分野では今津ら[7]が教員間の連携がストレスやバーンアウトの緩和装置となることを報告していますし、医療分野では本田[4]が医療事故の問題を例に職種を超えた連携の必要性を指摘しています。また、福祉分野では木伏[11]が授産施設における就労支援について教育機関との連携の重要性を指摘しています。従来から学問は産業も細分化、専門化することで著しい発展を遂げてきましたが、最近はそれらをどのようにまとめるか、あるいはどのように生かすかといったことが求められています。考えてみれば人間は本来社会的な動物であり、システムを形成して生活しているわけですから、これは当然のことなのかもしれません。

もう一つの要因は世の中が複雑化し、一つのものの考え方や方法では通用しなくなったということがあげられます。例えば、病弱教育においては教育と医療との連携は必須ですし、精神障害者の社会復帰においては医療と福祉の連携なしに適切な援助はあり得ません。さらに子どもの問題行動への対応は学校と家庭の連携なしには考えられません。心理臨床の現場でも狭い面接室でのカウンセリングだけでは対応に限界があり、教育や福祉分野との緊密な連携なしには解決しない事例が増えたように感じられます。どうやら世の中全体が単なるスペシャリストの力だけではうまく機能しなくなっているのかもしれません。

また、現代人は便利さ、快適さを求めるとともに人間関係のわずらわしさを避けてきました。その結果、自己表現能力を弱め、これまでごく自然に行ってきた社会的連携をことさら意識しないとできない時代になったのかもしれません。

長野県のある建設業者が談合への参加を思い切ってやめたところ、ほかの同業者から強い圧力をかけられて経営の危機に立たされているという話を聞きました。いくら正しいことでも、仲間との連携なしに新しいことを実行することは非常に難しいようです。

A子は三十代後半の中堅の小学校教師です。あるとき些細なことがきっかけで担任をしているクラスが学級崩壊状態になりました。学級経営にすっかり自信をなくしたA子はうつ状態になり、筆者のクリニックを受診しました。カウンセリングは最初、生徒の話に終始していたのですが、徐々に私生活の話になっていきました。A子は五年前に離婚し、中学生の子どもを連れて実家に帰ってきた頃から男性不信になっていること、それが職場の人間関係にも影響していること、そして、今回の学級崩壊も同僚の男性教師が関係していることがわかりました。「今回のことも誰かに相談しようにも上司は全員男性なので…」というA子の言葉に、筆者は彼女の承諾を得たうえで校長に連絡をとることにしました。

その結果、校長の全面的な協力で女性教師を中心としたA子のサポート体制が組まれ、何とかA子は仕事を続けることができました。このケースの場合、校長の協力がなければこんなに早くA子は職場復帰できなかったものと思われます。

二　先行研究概観

国立国会図書館所蔵雑誌記事索引、および『朝日新聞』の記事索引を利用して「連携」をキーワードに文献検索を試みると、図1、図2のように年々その数が増加していることがわかります。

　年代的にみると、一九七〇年代の連携に関する論文はほとんどが教育関係の雑誌に発表されたものでしたが、一九八〇年代に入ると「産・学・官」という言葉が出現し、『工業技術』などの雑誌でも連携の必要性が唱えられるようになりました。その後、八〇年代後半になりますと、教育分野では『社会教育』『学術月報』、福祉分野では『社会保障研究』、医療分野では『日本医師会雑誌』といった雑誌で連携に関する特集が組まれ、さらに

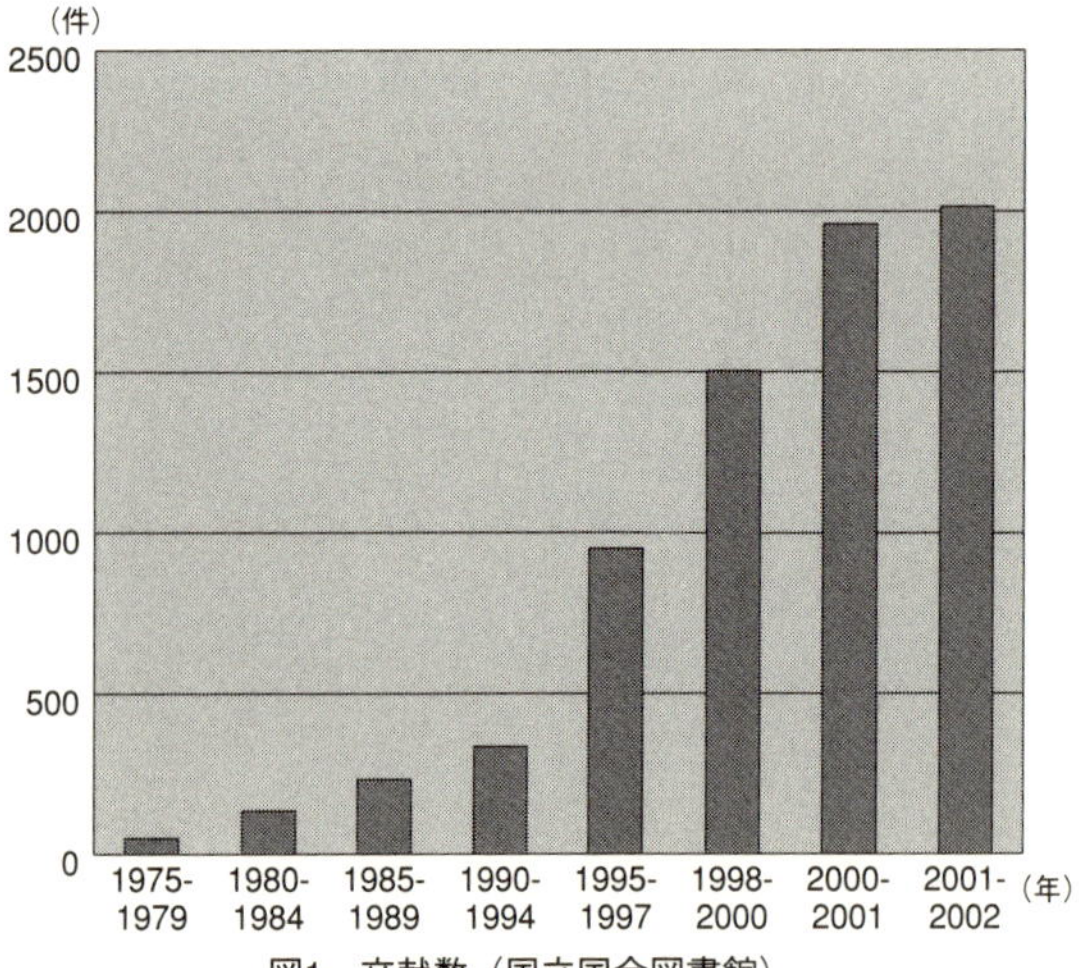

図1　文献数（国立国会図書館）

幅広い分野で連携が論じられるようになりました。特に教育関係では、『特殊教育』などの雑誌で、不登校やいじめへ関係者が連携して対応する取り組みが多数報告されるようになりました。

また、この傾向は『カウンセリング研究』『児童心理』『月刊福祉』などにもみられるようになり、九〇年代に入ると文献の数は一気に増加しています。またこの頃の日本はバブル経済を背景に、農業、地域開発、都市計画といった面でも連携が進みました。

その後、バブル経済は崩壊しましたが、九〇年代後半に入ってもいくつかの専門雑誌が創刊され、それぞれの分野で連携がより活発に論議されるようになっています。特に、近年は教育分野におけるスクールカウンセラー制度や福祉分野における介護保険制度の導入を背景にますます連携が活発に取り上げられるようになっています。

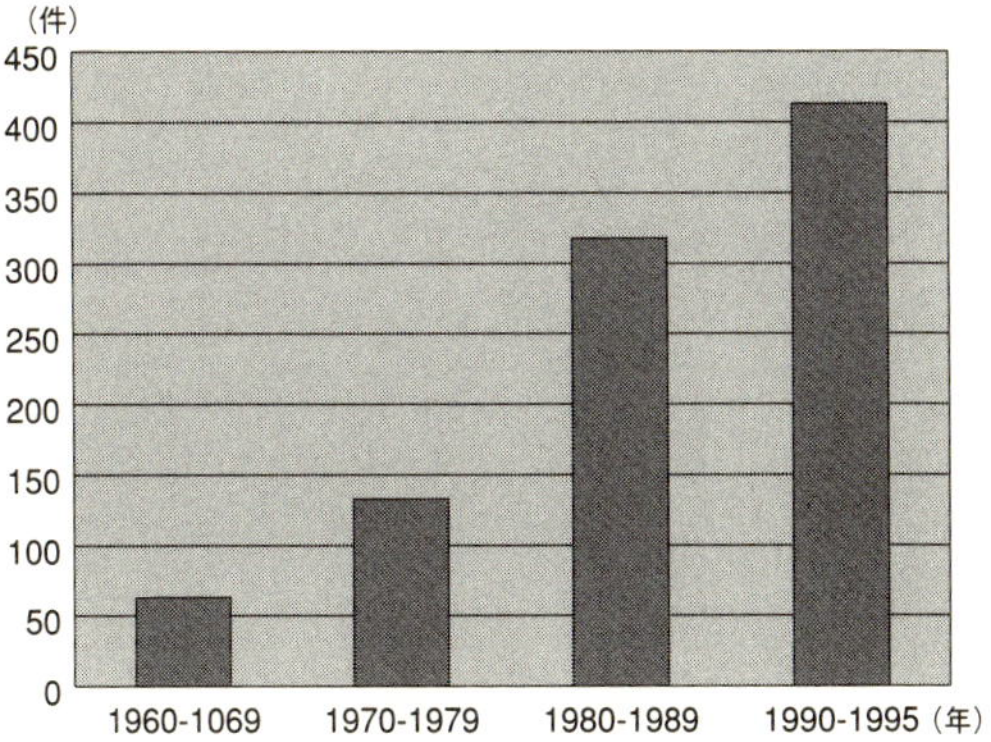

図2　記事数（『朝日新聞』）

ちなみに二〇〇一年八月から二〇〇二年九月までの一年間において「連携」をキーワードに国立

国会図書館所蔵雑誌記事索引でヒットした二〇一五件を分野別に集計してみると、医療・保健分野が最も多く二八五件、次いで企業・産業の二六六件、以下、教育二五一件、福祉一一八件、地域一〇九件と続きます（図3）。

しかし、鈴木[18]が、従来から学校と地域の関係機関の連携が叫ばれながら、それらが充分に機能していなかったことを鋭く指摘していたり、中村[16]らが、病弱教育における二十年間の連携研究を概観し、具体的な方策が不足していることを指摘しているように、あらゆる分野で連携の必要性は充分に認識されているものの、どうすればよいかという具体的方策はほとんど見出されていないといってもいいかもしれません。それは連携の困難性を指し示していると同時に、研究の不充分さを物語っているとも考えられます。今後もさらにこうい

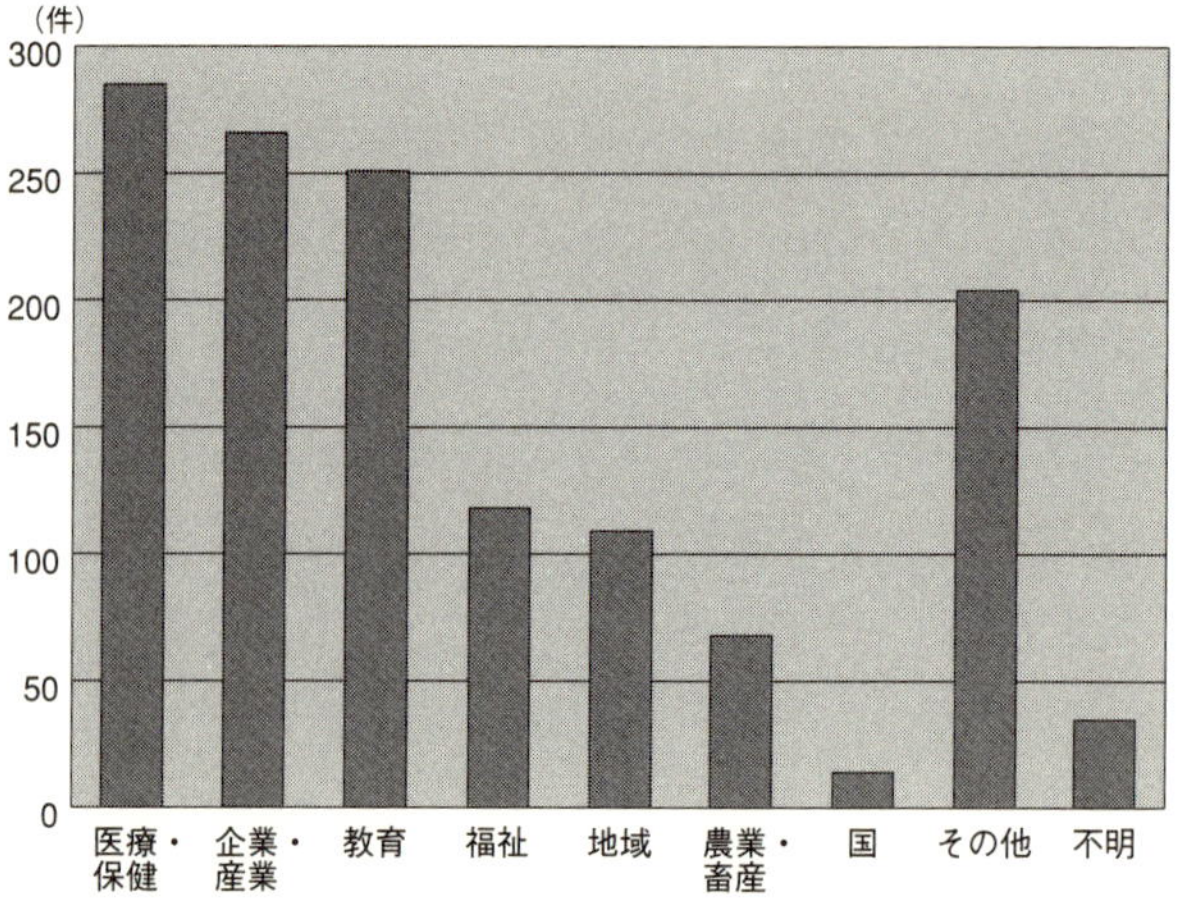

図3　文献の内訳（2001年8月～2002年9月）

った取り組みが報告されることを期待したいところです。

三　研究会について

1　同一職種による研究会

同じ職種で集まって定期的にケースカンファレンスや研究会を開催することは一般的ですし、それほど困難なことではありません。多少違った立場の人々が集まったとしても、同一職種であれば基本的に価値観や利害関係が一致していますので、比較的スムーズに会は運ぶと思われます。また、中心となる誰かの一声で職場内のネットワークを構築することも可能です。

研究会の形式は文献の輪読会や講演形式などいろいろ考えられますが、共通理解と連携を図る上では事例検討が最もふさわしいと思われます[2][12]。それは話が抽象論にならず、具体的・実際的なので、連携に必要なイメージの共有がしやすいからです。

効果的なカンファレンスを行う上でのコツについて、工藤[13]らは、

① 定期的な時間と場を確保すること
② 知識を共有すること
③ メンバーで感情を分かち合うこと

④ 課題に積極的に取り組み、知識や技術を獲得すること

の四点をあげています。なかでも、情緒的なつながりについては従来あまり指摘されてこなかった重要なポイントとして評価されます。

しかし、時が経つと会が形骸化したり面白みにかける可能性があり、時には外部からゲストを招いたり新しい運営法を用いることで変化をもたせながら会を継続させなければなりません。場合によっては、研究会を一度解散し、新たな会を組織する必要性があるかもしれません。

2 多職種研究会

近年多職種による研究会は連携の必要性とともにさまざまな機関で行われるようになり、それほど珍しいものではなくなっています。高宮[19]らは医療機関における多職種研究会の実践例を報告する中で、そこに何かしら共通の土台と対等の立場の必要性について強調しています。共通の土台がないと職種間に軋轢を生じやすく、それが連携を阻む可能性があるからです。

筆者はかつて精神科クリニックに常勤の臨床心理士として勤務していたとき、「子どもの心を考える会」という研究会を毎月開いていたことがあります。[22]その研究会の特色は何といっても、参加メンバーの多様さです。看護師、臨床心理士、医師、指導員、ＰＳＷ、保健師、教師、保育士、学生、警察官、保護司、調停委員、民生委員、その他一般の会社員や専業主婦まで、非常に広範囲な

職種で構成されていました。基本的に事例検討を中心にしながらも内容は発表者に任せられます。例えば、ある時は子どもが描いた何百枚もの絵をフロアいっぱいに広げ、子どもの心の変化について討論しましたし、ある会社員は自分自身を事例として発表されたりしました。

この中で筆者が感じたことは、キーパーソンの重要性です。それはチェアマンや発表者とは別に、いわゆるコーディネーターの役割をする人のことです。一般に連携に際してのキーパーソンというと、医療機関においては医師であったり、所属機関の長であったりする場合が多いのですが、必ずしもそうである必要はありません。筆者の経験ではフットワークが軽くマメな人がよいように思います。ただし、特定の個人や機関に会の運営が任されるのではなく、すべての参加者が主体的に会に参加できるよう、何らかの役割を果たすことがよいでしょう。

本研究会でも連絡調整係、会計係、企画運営係、懇親会係などの役割をほとんどすべての人が担うことでスムーズに会が運営されていました。そして、さらに各会員が各々の職場でうまく機能することによって、いつしか強固なネットワークが構築されたのです。

四　連携の実際

1　同一職場内での連携

通常、カウンセリングは面接室の中で繰り広げられる一対一の作業です。しかし、時に他者の協力が必要になることがあります。筆者の勤務するクリニックでは初診は必ず院長が担当し、その後臨床心理士にカウンセリングが依頼されます。しかし、時にカウンセリングがふさわしいと思えない場合や薬の必要性を感じた場合は、再度院長に診察を依頼することになります。したがって、担当臨床心理士と医師である院長との連携がスムーズにいっていないと、クライエント自身にしわ寄せがいきます。

B子は四十歳代後半の女性で、不安神経症のクライエントです。「家に一人でいると込み上げるような不安に襲われる」という主訴でカウンセリングを行っていたのですが、薬のコントロールがうまくいかず、薬を頻繁に調整する必要がありました。そのたびに院長の診察を受けることになるのですが、毎回院長にカウンセリングの経過を詳しく話す時間はありません。そこで筆者は、カルテに現在の状態と薬の調節理由を書いておきます。院長はそれを参考に薬の調整をすることになります。

こういった連携はお互いの性格などをよく知っているからこそできることで、同一職場における連携をスムーズに行うには、普段からの付き合いが重要になることはいうまでもありません。

筆者は過去に、三年間スクールカウンセラーとして中学校に週一回勤務していたことがあります。そこで感じたことの一つが、教師のすばらしさです。それまで、筆者は面接室の中から、学校の無理解や対応のまずさを批判していました。しかし、自分が学校現場に入ってわかったことは、教師の考えを理解することだけでなく、その良さを認識することでした。おそらくこの思いは双方が感じたことと思います。真鍋[14]は自閉症センターにおける教育との連携の取り組みの中で、それまで「学校が変われ」と一方的に思っていたのが、学校を訪問することによって、学校が外部の働きかけを拒んでいるわけではないことをはじめて知ったと述べています。筆者もまさに同じことを感じたわけです。

C子は中学三年生の女子でした。彼女は言葉使いが幼いことでクラスメートからばかにされ、いつも泣きながらカウンセリンググルームへやってくる子でした。ここで本来ならばC子の内面を受容し、人格的成長を促していくわけですが、筆者はC子の許可を得た上で彼女のクラスメート、特に同じ班の女の子と話をしたほうがよいのではないかと考えました。

そこで、担任の先生にお願いして、「みんな彼女のことでは困っているだろう。カウンセラーの先生も困っていたので、C子のことを相談に行ってもらえないか」と同じ班の女生徒に声をかけていただきました。そして、その日の夕方三人の女生徒がカウンセリングルームにやってきました。最初は口々にC子の悪口を言っていた三人でしたが、じきに彼女らはC子の行動があまりに幼いのでみていられないのだということがわかりました。そこで彼女たちに「みんなが気持ちよく過ごせるように、C子の面倒をみんなでみてやってくれないだろうか」と頼みました。そして、担任の先生には「彼女たちをC子の面倒をみるお姉さん的存在として認め、褒めてやってほしい」とお願いしました。

やがてC子は同じ班の女生徒を慕うようになり、彼女たちを手本として成長していったのです。今回のケースは、担任の先生やC子を取り巻くクラスメートとの連携がうまく働いたことが成功に導いたものと考えられます。

2　他機関との連携

D子は二十代半ばの境界性人格障害のクライエントでした。E総合病院のF医師から、「薬はこちらで処方するので、カウンセリングをお願いしたい」との依頼を受けました。彼女は言葉使いも丁寧で、一見上品なお嬢様タイプの女性です。当初は明るい話題に終始していたカウンセリングでしたが、あるとき、筆者がほかの仕事に追われ、予約時間を十分過ぎてしまったことで彼女の怒りが爆発しました。「こんな時間にいいかげんなことでカウンセリングができるのか」「先生は私のことはどうでもいいと思っているのか」「もう信じられない」といったように、彼女の言葉は容赦ありません。はたまた、「だいたい先生はカルテを書きながら人の話を聞くなんて失礼でしょ」「話をするときには、お茶くらい出してもいいんじゃないですか」など、全く別の批判も出てきました。筆者はとにかくD子の言うことを否定せず、話を謙虚に受け止めることにしました。

次の回、彼女は「この前はすみませんでした。F先生に叱られました。これからはこんなことがないように気をつけます」と神妙に謝ってきました。まさに境界性人格障害的な反応ではありますが、この回を機に「兄が生まれつき障害をもっていたため、小さい頃から自分は甘えられなかったこと」「感情的な両親のもとでいつも顔色をうかがっていたこと」「普段はいい子でいるけど、いつも不平不満でいっぱいだったこと」などを話すようになりました。

こうしてカウンセリングは進んでいったわけですが、ここで、F先生との連携という観点で今回の流れをみると、仲良くなったと思ったら喧嘩別れをするというこれまでのD子の対人関係のパターンをF先生がフォローしてくれたことになります。事前にカウンセリングの流れについて筆者がF先生と話していたことも効を奏したものと考えられます。

五　連携のあり方について

1　失敗要因

連携を失敗に導く要因には、どのようなものがあるのでしょうか。

松岡ら[15]はチームワークの障壁として、

① 環境の問題（地位や権力の格差など）

② 専門職自身の問題（相互理解の不足など）

③ 展開上の問題（認識不足など）

をあげていますが、筆者はこれまでの経験から連携を阻む要因として、以下の四点を考えています。

（1）言葉の壁

それぞれの専門分野には長年培われてきた特有の用語があり、それが閉鎖性（時に仲間意識）を高めることに一役買います。芸能界用語などはその良い例でしょう。筆者は連携にあたり、まず共通言語を習得する必要があると思っています[23]。例えば、教育現場では「指導」という言葉が日常語として使用されています。これは専門用語というほどの言葉ではありませんが、スクールカウンセラーとして学校を訪れた筆者は、最初「指導」とは何とおこがましい言葉だろうと思い、使用することに抵抗感を感じました。

筆者はかつてある総合病院に勤務していた頃、心理検査の結果を報告する際に「私たちにもわかる言葉（用語）で話してください」と看護師から言われた経験があります。ロールシャッハテストの解釈において、一般的に使用している「外拡型」とか「現実吟味力」といった用語は限られた人の中でのみ通用することを忘れ、つい使ってしまうことがあります。意味を聞き返してもらえれば説明するだけでよいのですが、それも相手のパーソナリティに依拠します。かといって、いわゆる専門用語がなくなることは考えられませんので、連携に際してはお互いが言葉を学び合うこととともに、専門用語をできるだけ使用しないように気をつけるべきでしょう。

（2）縄張り意識と意地

岩永ら[9]は、八割以上の教員が保護者・住民の意見・批判は有効なものと認識していますが、その反面、半数の教師が実際の学校運営は教職員に任せてほしいと考えていることを報告し、必ずしも連携の準備性は高くないことを指摘しています。つまり、多くの人が連携に肯定的な評価をしていながらも、実際の場面では何らかの抵抗感を感じているということです。自分たちの領域に部外者が侵入してくることはどうも心地よくないことがあるようです。

また、鈴木[18]は、学校教育における連携を阻む教師側の要因として、抱え込みが教師らしさであるという信念、ほかのスタッフに子どもを託すことは教師としての敗北であるという自己内規範の存在を指摘しています。われわれ臨床家にとっても、時にクライエントをほかの治療者や機関にリファーすることが自分の未熟さや無能力さの表れであるかのように思う場合があります。ほかの治療者や機関を紹介することは、自分の能力を卑下することでもなく、逆に自分の臨床能力の一つであるという認識が必要です。

(3) 価値観・考え方の違い

酒井[17]らが不登校指導におけるメンタルフレンドの意義に関する児童相談所と学校の認識の差について論じているように、専門職種間で考え方に差があることで連携を難しくすることがあります。筆者はかつて、非行少年の対応をめぐって警察官と対立した経験がありますし、たとえ同じ職場で仕事をしていても職種が違うことで価値観に差があり、それが連携を難しくしています[20][21]。

例えば、今では常識になっている集団守秘義務の考え方[24]も、かつては情報開示の義務とクライエントとの間に生じる守秘義務の間で多くのスクールカウンセラーが悩みました。これは誰のための守秘義務なのか、何のための守秘義務なのかを考えることで、解決策が生まれてくるのでしょうし、子どもが健康で自分らしく幸せに生きていくという大前提をまず念頭におくことが何より重要と思われます。

（4）採算性

特に医療機関の場合、コンサルテーション業務は報酬の対象になりにくく、時間的にも充分に確保することが難しいという報告[12]があります。例えば、筆者が担当している不登校児の担任が情報の共有を求めてクリニックにやってきた場合、その時間は全く無報酬になります。もちろんそれは教員の側も同じなのですが、ほかのクライエントの予約時間を割いて会っているわけですから、頻度が多くなればなるほど収益は減ることになります。しかし、だからといってコンサルテーションをすることに消極的になっていては連携できません。コンサルテーションは治療的にも重要であるという認識なしに優れた連携はありえないでしょう。

2　成功要因

次に、連携を成功に導く要因について考えてみたいと思います。

教員間の連携を図るコツとして、原田[3]は、日常的なお互いの動きがみえるようにしておくこと、できるだけ多くの人と接すること、相性が悪い相手とは趣味の世界で話すこと、たまにはレクリエーションや飲み会をやること、情報はできるだけ多くの人に向け発信すること、などをあげています。これらは極めて的を射た指摘であり、心理臨床場面はもちろんのこと、あらゆる分野に共通していえるものと思われます。なかでも人間関係を深めるために何より情緒的つながりを重視する考えは、人間が元来感情で動く動物であることを考えると、非常に納得のいく考え方です。

筆者は連携を成功させるための要因として、以下の五点をあげたいと思います。

(1) 目的の共有化

一般に共通の問題がある場合に強い連帯意識が生まれ、それが解決の推進力になる場合がありま す。あまり良い例ではありませんが、例えば職場にチームワークを乱す職員がいた場合、その人をスケープゴートにして集団がまとまるということがあります。集団成員の価値観が一致し、イメージが共有されたとき、連携はとりやすいわけです。

しかし、単に価値観を同じくすることが真の意味での連携とはいえません。連携は価値観が違う中でとれてはじめて対応の幅が広がると考えられます。

藤本[5]が、痴呆患者への取り組みの中で生じる医療・保健・福祉の連携の問題は痴呆ケアを支えるという共通の土俵にあがることで解決する、と述べているように、共通の目的をもつことが重要です。

『スタートレック』というSFドラマの中の「ボイジャー・シリーズ」においては、ほかのシリーズに比べて連携のすばらしさがよく表現されていますが、それは七万光年離れた銀河の彼方から遥か地球を目指して帰ってくるという共通の目的がクルー間で共有されていることがその要因の一つにあると考えられます。

(2) 懇親会の開催

連携を成功させるためには、まず何よりも普段から相互交流を深めておく必要があります。顔も知らない同士の連携は難しいからです。かつて筆者が勤務していた小児科では、入院している患児が通学する養護学校との間で、定期的な合同カンファレンスや学習会のほかにボーリング大会などの懇親会が頻繁に開かれていました。そうすることで、単に仕事上の関係以上の連帯意識が生じ、連携がスムーズにいったと感じています。

そして意外に重要なのがカンファレンスの後の雑談です。カンファレンスが終了してから玄関を出るまでのわずかな時間を利用して親しい者同士が交わす会話の中に、カンファレンスでは語られなかった本音が交わされることがあります。

そこで提案したいのはカンファレンスの後の懇親会です。懇親会といっても親しい仲間だけの飲み会ではなく、参加者全員が気楽に参加できる立食形式のパーティのようなものです。そこではカンファレンスの中では時間がなくて充分に話すことのできなかった人や消極的な性格のため発言を控えていた人も気軽に話すことができます。これがあまりにも盛り上がると、カンファレンスとパーティのどちらが主かわからなくなりますが、筆者は連携を成功させるためには、これら両方が同程度に重要ではないかと考えています。筆者の所属する県の臨床心理士会の定期総会では毎年、全員がそろってたっぷりと時間をかけて昼食をとるのが恒例となっています。その中では新会員の紹介が行われる以外には特にプログラムはなく、ひたすら会員同士の情報交換が行われます。筆者はこれが極めて重要な時間だと認識しています。

(3) 人事の交流

連携を進展させる方法として、人事交流があります。筆者が述べるまでもなく多くの企業では他社への出向人事が慣例化しており、そのことで他社との連携がとりやすくなることがありますが、単なる転勤や出向では大きな期待はできません。筆者のいう人事交流とは、例えば週五日勤務の仕事であればそのうち一日を他の会社や部署で働くというものです。もちろん相手方の機関や部署からも同様に週一日勤務の人が派遣されてくるわけです。そのことによって組織の壁は確実に低くなると思われます。

筆者が経験した中では、スクールカウンセラーがまさにそれでした。学校へは講演などで出向くことが数多くありましたが、連帯という意味では実際に一緒に働くこととは比較になりません。そして学校の先生方にも医療機関に来ていただきたいと思っていたところ、近年それを現実化させる研修制度が正式にでき、数は少ないながらも何名かの先生方が筆者が関係する医療機関に勤務されたりしています。これが研修でなく業務の一環となると経費の問題や事故責任の問題などいくつか検討しなければならない点はありますが、今後もぜひ発展させたいシステムのひとつです。

（4）役割の明確化

阿部[1]は、虐待への取り組みを通して形式的なネットワーク会議では本来の目的が達成されないので、記録を共有し、各機関の役割を明確化することの意義を報告しています。また、古荘[6]らは医療機関における児童虐待の早期発見とその後の対応について他機関との連携がうまくいった要因として、単に連絡を取り合うのではなく、基幹病院が中心となって連携のイニシアティブをとったことをあげています。これは共同作業をする際にコーディネート役が必要なことを示唆しています。

連携があるところに必ず各々の役割があることは周知の事実です。それは専門性というよりも実際にそれぞれがどのような働きをするかということです。卑近な例で話すなら、子どもを育てる際に、父親らしさとか母親らしさが何かということよりも、父親が子どもを叱ったときに母親がどうするのかとか、母親が病気になったときに父親が何をするかといったことが両親間で充分話されて了解されていることが何より重要であると思われます。

（5）相手の領域に入り込むこと

一丸[8]は、スクールカウンセラーが医師との連携を成功させるには、スクールカウンセラー自身が積極的に医療機関を訪問することを勧めています。また、金子[10]は、保健センターと学校との連携について保健師が積極的に学校へ出かけていくことの意義を報告しています。

筆者が勤務していたクリニックでは、毎年夏になると地域の自治会を巻き込んで納涼会を開いています。精神科クリニックを地域に根付かせるためにはいろいろな行事を開催して地域の理解を得ることも重要ですが、相手を待っているのではなく、相手の懐にこちらから飛び込んでいくほうが効果的です。例えば地域の清掃や催しにデイケアメンバーと出かけることで、精神科医療に対する偏見もなくなり、理解も深まるものと思われます（第V章参照）。

六　まとめ

連携を成功させるコツは失敗要因の裏返しでもありますが、本章でこれまで述べてきた成功要因について最後にまとめておきたいと思います。

① 目的の共有化―共通の目的があることは、連携をとる上で重要な要素となります。連携の目的がどこにあるのか、相互に確認しながら連携を進めていきましょう。

② 懇親会の開催―成員間に情緒的なつながりがあると、連携がスムーズに運びます。そのために連携する者同士が全員そろって親交を深めることが効果的であると考えられます。

③ 人事の交流―人事の交流が連携を促進します。特に職種を超えた人事交流は課題も多いでしょうが、意義も大きいと考えられます。

④ 役割の明確化―各々が自分の役割をしっかりと認識することが、連携の基本となります。また、これは単に自分の役割を果たすという意味ではなく、常に相手の役割との関連で自分の役割を考えることが重要です。

⑤ 相手の領域に入り込む―連携をうまく進めるには、縄張り意識を捨てて、お互いの領域に積極的に入り込むことも重要です。そのことでお互いの弱点を補完することができ、より効率的に課題を遂行することができると思われます。

引用文献

(1) 阿部計彦「機関連携・ネットワーク構築の現状と課題」『別冊発達』二六、七二―七九、二〇〇一

(2) 荒金誠司「別室登校を行う児童への支援」『月間生徒指導』一一、三〇—三三、二〇〇一
(3) 原田昇三「先生同士の連携を図るコツ」『月間生徒指導』一一、一二—一五、二〇〇一
(4) 本田宏「チーム医療の現場から医療制度を考える (三) 今こそ職種を越えた連携を」『看護管理』一二(三)、二三七—二三九、二〇〇二
(5) 藤本直規「保健福祉関係者との連携の取り方のための痴呆診断のコツ」『老年精神医学雑誌』一三(一)、四八—五七、二〇〇二
(6) 古荘純一、安井満里子、水谷佳世、齋藤修、石井ちぐさ、梅田陽、板倉洋治「小児科日常診療における虐待の予防」『早期発見に関する検討』四一(四)、二六一—二六七、二〇〇一
(7) 今津孝次郎、田川隆博「教員ストレスと教員間連携」『名古屋大学大学院教育発達科学研究科紀要』四七(二)、一二九—一四四、二〇〇〇
(8) 一丸藤太郎「スクールカウンセラーと医療機関の連携」『臨床心理学』一(二)、一六六—一七〇、二〇〇一
(9) 岩永定、芝山明義、小野瀬雅人、岩城孝次「『学校と家庭・地域の連携』に対する教員の意識に関する研究」『鳴門教育大学学校教育実践センター紀要』一六、一一—一九、二〇〇一
(10) 金子道子「学校保健と手を結ぶコツ」『保健婦雑誌』五七(一二)、九四〇—九四三、二〇〇一
(11) 木伏正有「教育と大田区就労支援ネットワークの連携」『Aigo』四八(一〇)、三四—三七、二〇〇一
(12) 小林幹子「教育相談における地域連携を目指した実践的研究」『心理臨床学研究』一九(一)、一八

一—一九一、二〇〇一
(13) 工藤恵子、松島郁子、伊藤民子「ケースカンファレンスのコツ」『保健婦雑誌』五七(一二)、九四四—九四七、二〇〇一
(14) 真鍋龍司「教育との連携どこからはじめますか」『Aigo』四八(一〇)、二六—二九、二〇〇一
(15) 松岡千代、石川久展「『チームワーク』認識に関する研究—自記式質問紙を用いた専門職間比較—」『香川県立医療短期大学紀要』二、一七—二四、二〇〇〇
(16) 中村章子、真城知己「病弱教育における『連携』研究の動向と課題」『千葉大学教育実践研究』八、一〇一—一一一、二〇〇一
(17) 酒井朗、伊藤美奈子、伊藤茂樹「不登校児の指導におけるメンタル・フレンドと学校との連携に関する実践的研究—新しい教育臨床のあり方を求めて—」『マツダ財団研究報告書』一四、一—一二、二〇〇一
(18) 鈴木要裕「学校ソーシャルワークと生活指導—学校、地域、家庭の連携とソーシャルワークの専門性」『福島大学教育学部論集』六九、四九—六六、二〇〇〇
(19) 高宮静男、山本欣哉、佐藤倫明、針谷秀和、植本雅治「心身医学における教育機関との連携」『心身医学』四二(一)、四七—五四、二〇〇二
(20) 丹治光浩、清水京子、福田珠枝「重症心身障害児（者）施設における職員意識に関する研究（第一報）」『厚生省心身障害研究昭和五十六年度研究業績報告書』六四八—六五四、一九八二

(21) 丹治光浩、清水京子、福田珠枝「重症心身障害児（者）施設における職員意識に関する研究（第二報）」『厚生省心身障害研究昭和五十七年度研究業績報告書』五一八―五二四、一九八三
(22) 丹治光浩「多職種研究会とネットワーク」『心理臨床』九(一)、七四、一九九六
(23) 丹治光浩「スクールサポート事業の意義とその課題」『心理臨床』一〇(二)、一〇九―一一一、一九九七
(24) 鵜飼美昭「スクールカウンセラーと教員との連携をどう高めるか」『臨床心理学』一(二)、一四七―一五二、二〇〇一

（花園大学社会福祉学部　丹治　光浩）

第Ⅱ章　スクールカウンセラーにおける連携

一　はじめに

1　心理職のイメージと連携

教育の場における連携について、小学校・中学校・高等学校におけるスクールカウンセリングを中心に論を進めていくことにします。それは、対象となる児童・生徒の自我発達段階からいっても、臨床場面となる学校の構造的特徴からいっても、連携が課題とならざるを得ないからです。最初に白状してしまえば、教育の場における他職種との連携について十全に語ることができるか躊躇するところがあります。縦横無尽に連携をこなしている人々にも申し訳ないし、連携は極力抑えて正統派の「心理の仕事」を実践している人にも申し訳ない、双方向に向けて恐縮の思いです。したがって、これから語ることは、「連携に関する具体的ハウツウ」というよりも、連携にまつわる「思い」がその多くを占めることをお許しください。

ある日の面接室、「いいですよねぇ、心理の仕事って、面倒な社会との関わりとかそんなになくて、目の前の一人とお話しすればいいんでしょ。白衣をパッと着たりして、臨床心理士○○子！かっこいいですよー」と心理職を目指す学生さん。「そういうイメージでこの仕事目指すなら、期待はずれだと思うよ」と筆者はボソボソ言う。この世と隔絶した高尚な仕事でも、流行の先端を行くおしゃれな仕事でもない現実をどう伝えたらよいのでしょう。

かくいう筆者の中でも、もともとの心理臨床イメージは密閉されたフラスコの中の化学反応[8]。外からの影響は極力少なく、黙して語らず、静かにとりおこなわれるもの。最初に刷り込まれた教育ではそうなっているし、今においても理想はそうであるように思います。けれども、現実は物理実験の理想条件とは異なります。それゆえ実際の限定された条件の中でクライエントとなる人がどれだけ内的世界を見つめうるのか、カウンセラーである人はどれだけそれにコミットしうるのか、が実際の努力のしどころになります。臨床場面とカウンセラー自身の限界を見極めることから「必要とされる連携」が導き出され、限界を補って余りある、よりよい連携を作り出す協力・努力が模索される…。それが現場の感覚ではないか、と筆者は思っています。心理における職業アイデンティティに関して言えば、各人微妙に重心が異なっていて、心理の専門家イコール人間関係のプロの自認・他認も可能でしょう。かといってそれは単なる「連携コーディネイター」ではなくて「心の仕事」を奥ゆきに持った「連携」の実践であると思います。

一人のクライエントがよりよく社会に棲まうためには、人々の協力が必要です。「援助」「サービス」と呼ばれる仕事はその点を重視した業務内容でしょう。

「連携」という言葉に喚起される筆者の中の戸惑いはおそらく「サービス」や「援助」という言葉にもつながっているようです。「少しでもましなサービスを少しでも多くの学生に…」[1]という京大カウンセリングセンターのキャッチフレーズを聞いたとき、「そうですよね」とうなずきつつも、「やはり私のしている仕事って『サービス』がメインなのかな」と複雑な思いがしたのでした。その少し前からよく耳にする「学生サービス」という言葉に何がしかの違和感を持っていたからです。でもまたしばらくして、ある機会に目からウロコがとれた思いがしました。宗教的精神としての「奉仕と犠牲（Service and Sacrifice)」という言葉を教えてもらったのです。そのとき「サービスとはServiceで『奉仕』であり、生きる姿勢そのものだ」と感じられたのです。

2 連携と専門性、連携と守秘義務

連携するということは、相手の専門性を限りなく尊重することだと思います。それは単なる情報の刷り合わせや顔合わせとは異なる厳しい出会いです。当然、個人的に親しくなりプライベートに接触することとも異なると思います。

青木[1]は、「重なり合いのある競合する学生窓口（この場合、学生課・教務課・教員・保健室・学生相談室などを示す）によって学生に安全ネットを作る」という表現を使っています。「連携」という作業には「競合」という厳しさが併せもたれねばならないのです。

心理という職種は、これまで社会の中のさまざまな場面で細々と生き延びてきました。さまざまな職種の人の協力を得てはじめて成り立つ仕事だったともいえます。急に社会的に脚光を浴びるようになりましたが、基本的な仕事のあり方は変わらないのではないでしょうか。何故「協力あってはじめて」なのでしょうか。それは心理の専門性に関わることと感じます。医療現場のみならず教育現場においても、「心理」は本来素手です。医師は薬、教師は教育内容や教材という「ツール」(「武器」では少し語弊があるので)をもっています。心理の人がいくら「グループワークを中心とした心理プログラム」をふりかざしても、その形を真似ることはほかの職種の人にもできるわけで、心理にしかないものといったら、本質的には素手で「心」と対峙する気概と技術なのではないでしょうか。これは外から見えにくく、説明しづらい、自らも自己点検しづらい「ツール」です。しかしながらこの「専門性」を研鑽し続けねば、「連携」し合う一人前の専門家として認めてもらう前提は満たされません。こういった心理の「専門性」において「守秘義務」は大切な要素であると思います。素手で心と対峙する上で、先述した密閉したフラスコ状況、すなわち「黙すること」はプロセスの大きな推進力となるのです。近年「スクールカウンセリング」で学内組織による「集団的守秘義務」との考え方が提案されていますが、実践にあたっては「それは心理の専門性の根幹に関わること」との自覚をもって徹底的に思案しぬきたいものです。

さて、ここまでが己を知る努力、ここからは郷に入れば郷に従うべく「郷」を理解する努力です。

二　学校という場のもつ特色について

1　近代と一斉教育

今や不登校生徒の数の増加とともに、学校に通うということは必ずしも当たり前ではなくなってきています。それでも一昔前に子どもだった多くの人にとって、その中に身を置き、教育を受けてきているのが教育の場「学校」です（否、そのもっと前に遡れば、貧しいと小学校に行く閑も惜しんで働かなくてはいけない時代もあったわけですが…）。このことは法務矯正や病院臨床、福祉の場とは異なった教育臨床における特徴なのではないでしょうか。「法務矯正分野」はむろんのこと「病院」や「福祉」においても、そこでの臨床活動におもむく人が自分の経験から現場をイメージするのは少ないことでしょう。しかしながら、学校臨床では参加する以前にほとんどの人が「学校体験」「学校イメージ」をもっている状況なのです。日本の戦後教育では日本のどこにあっても公立の義務教育がほぼ均一の「教育」を提供し、筆者たちはそれを享受・甘受してきたのです。海外で成長した人や幼児教育から一貫して特徴ある私学教育を受けた人を別として、ほとんどの人が体験した「学校生活」とは一体どんなものでしょう。そこで働くことを希望する心理の人間は、自身の経験・印象を離れ、客観的な教育の歴史についてよく知るべきではないかと思います。

学校って何だろう。まさに不登校が増えている現象はそういった本来的な問いに立ち返らせるものであります。「義務なのか」「権利なのか」「なぜ集団で一斉に行われなければならないのか」、学校のあり方は社会構造や歴史状況と無縁ではありえません。古代ギリシアや中国にまで遡るのは大変なので、近代国家における教育と学校についてざっと概観してみましょう。

近代の教育学の成立はコメニウス（Comenius, J. A.）の『大教授学』（一六三二年）とされていますが、近代学校とその授業の成立はその二世紀後です。ペスタロッチ（Pestalozzi, J. H.）が「直感享受」と呼ばれる人間開放的な実践を試みた一方で、ヘルベルト[4]（Herbart, J. F.）は、国民国家の建設における国民教育の制度化の必要性を述べました。そして、一斉授業の効果的実現のためには「管理」「訓練」「教授」が必須要素であるとしたのです。「管理」は生徒の欲望を統制し教室に秩序を実現するもので、「訓練」は生徒の心情に訴えて意思を形成する機能、そして「教授」は知識伝達、習得の機能です。

少し社会の教科書のようなことに触れれば、「市民革命＋産業革命＋国家主義→近代社会の学校の発達促進」です。日本においては近代化が急務となった明治維新以降、ヘルベルト的一斉教育方式により学制が整備されていきました。この学制は、教育内容を国家が定め、学校は国民文化を統合、国民道徳を徹底する必須の装置だったのです。

2　一斉教育と管理

教育が限られた階層の家庭内のものだった時代、すなわちその家庭の親が家庭教師を雇う状況では、管理という行為は、親による教師の管理、親による子どもの管理でした。映画『奇跡の人』で、サリバン先生はヘレンの親から示される二週間という雇用打ち切りの執行猶予期限に対して、ヘレンと二人だけの小屋住まいを要求します。親や家庭と切り離されてはじめて、ヘレンにとって絶対的権威者としてのサリバン先生が意味づけられる様子が克明に描かれています。教科指導以前の「人間としての躾」がなされる条件が示されているように思いました。ヘレン・ケラーという特例を別にすれば、教育年齢までには充分しつけられていたであろう、例えばイギリス中流階級の子女などでは、家庭教師たちは彼らを管理する必要があったでしょうか。各教科の教授が厳しくなされても、服装、持ち物や髪型に対する管理はそもそもその家庭の文化に従うものであったと思われます。

「ピーター・ラビット」を生み出したことで有名なビアトリクス・ポターもそういった教育を受けた一人ですが、弟を助手に動物を煮、その骨格の標本作りと写生に熱中した子ども時代が伝えられています。近年の学校教科の図工・美術が得意という範疇を超えた徹底した自然への興味、デッサンへの没頭は、家庭における「個別教育」とありあまるほどの「独りの時間」（管理されない時間）により可能となったものでした。他者との協調に多くの時間が割かれる学校での集団生活に身を置かなかったことは、成長しても人間社会への興味より自然への興味が強かったことにも影響していると思われます。

さて、前述のようにヘルベルトは一斉授業の効果的な実現には教育過程における「生徒の管理」が必要であるとしました。ヘルベルトがアカデミックな近代教育学の祖と呼ばれることを考慮すれば、近代学校、国民教育を可能とする前提として「管理」があったともいえます。「同じ学校・教室における集団生活において皆気持ちよく勉学に打ち込めるため」には、どうしてもルールが必要になってきます。戦前の臣民教育でも戦後の民主的教育でも、集団教育であることには変わりありません。そして集団に一定・均質な教育を授けることを「教育目標」とした場合、工場の品質管理にも似た「管理」が必要になってきます。民主主義社会のアメリカにおいても、子どもという「原料」で「理想の大人」という完成した「製品」を「生産」する工場としての学校を意味づけ、その合理化・効率化を追求する教育エンジニア（ボビット、一九一二年）が構築されていきました。資本主義社会における「商品」としての信頼性や付加価値をつけることを「お客」としての生徒や保護者が期待すればこそ、成果を約束するための能力主義的管理主義が発展したともいえます。

学校社会は、個々人の生育環境、性、階層を超えた、「国民としての平等」という理想を実現するユートピアであると同時に、学力による選別という個人主義的な競争の場である二面性があります。敏感で鋭敏な生徒ほどこの二面性に戸惑いを感じることでしょう。

近年、教育の事情は急速に変化しているようです。コンピュータの進歩とそのネット化により、新しい管理教育に突入していると感じられるのです。従順な消費者としてでも、有能な管理者としてでもコンピュータを使いこなす能力が要求されているのです。よりよい雇用を得て雇用され続けるためにはコンピュータ・ネットという管理網に従うことが前提になってきており、忍耐強くコンピュータの画面とキーボードに集中する能力が教育にも求められています。このような社会情勢の中での「荒れ」や不登校の増加は、子どもたちによる学校社会・学校文化の拒否の表現と受けとめることもできます。醒めた気持ちで学内に漂うか、嫌なら学校を止めるAll or nothingの選択が「荒れ」、不登校、高校中退、フリーターの増加かもしれません。彼らの生き方にはルーマン[13]がサブ・システムとして示し、佐藤[18]が「逃走する子どもたち」と呼んだ、受動的な逃避的な印象があります。かつての単一階層社会における共通の上昇志向（または意欲）というものが消失しつつあり、複数の私的価値観が混在している状況のようです。

その子たちはかつてほど、学校の拒否イコール社会からのドロップ・アウトとは認識していないようです。体を運んで学校に行き、あらゆる管理と拘束を耐えて得る「学歴」の、社会生活での効力の減衰感が大人にも子どもにも広がっています。日本においてもコンピュータ・ネットワーク化が進み、ビジネスの分野のみならず教育のツールとして注目されています。不登校や引きこもりの子どもたちであっても知的好奇心や向学心があれば、家に居ながらにして充分な教育が享受できます。この形態の教育では、管理はどのような意味をもつのでしょうか。生徒の側で疲れれば休み、場合によって先にスキップし、興味深い分野は関連の情報を次々と集めることができます。そこには教師による管理はありません、けれど「管理」的という意味では、より非人間的となり、コンピュータの操作手順を間違えば受け付けてもらえないという融通の利かなさがあります。そして、既にプログラムされた固定的なものをYES／NOで進めていく性質は機械を介しての教育である限り、ネットでつないでも、払拭できないのではないでしょうか。

世界中同じプログラムが配信されるため、一見個人主義的のような方法・内容も非常に管理主義的、無個性的になる可能性があります。かつては書物や伝承にて想像力を刺激していた神話がYES／NOで進めていくロール・プレイングゲームになったのと同様のことが、教育においても生じるのではないでしょうか。コンピュータの得意とする1・0（All or nothing）に馴染まない種類の思考力や想像力は平板に、より受動的になってしまうかもしれません。

コンピュータの力を個別教育に生かしていくにしても、そこに1・0では割り切れない生身の人間によるコミットメントが不可欠ではないでしょうか。子どもたちが自分と異質なタイプの存在に対してもぶつかり合い理解し合うチャンス、古くはデューイ・スクール（一八九六―一九〇四年）によって試みられたような子ども中心、（内的）体験重視の共同活動の場はかけがえのないものです。きしみを見せている一斉教育の枠組みの再考や、科学技術の産物としてのコンピュータ環境との折り合いなど、人間的教育の実践の上で課題が山積みされています。
以上は教育原理や教育方法学の範疇における「一斉教育」に関する私的概観です。こういった状況はいわば袋小路であり、何らかのブレイク・スルーが必要とされたのでした。

三 学校という場における「心理」

1 学校教育への「心理」の参入

平成七年度から研究事業という形で公立学校に導入されたスクールカウンセラーも、今や全校配置が目指されています。「教員」ではない「心理」としてのみの資格の人間が公立学校の「教育的活動」に参与するという全く新しい試みが浸透し、全国どこでも均質な学校環境が提供される公教育に組み込まれようとされているのです。このことは個に立脚することの多い心理にとって大きな局面のようにも思います。

義務としての公教育、一斉教育の歴史は一世紀以上にわたります。その概要については、すでに述べたとおりです。日本においては学制、学校打ち壊し、その後の殖産興業・富国強兵、臣民教育、戦後の民主主義教育とその反動…、大きな歴史のうねりの中で「先生」は生き続けて、独特の文化を形成してきました。エリートコースの先生、労働運動に燃える先生、「反省的実践家」としての先生、「サラリーマン」と割り切る先生。いくつか類型はありながらそれらが織り成してできた「教員世界」「教員文化」があります。本来、教育者とは「教え育む人」。先生方はよりよい教育を実現するために厳しい教育を受け、理想を掲げて実践に打ち込んでいます。けれど集団生活、一斉教育の場である「学校」の維持のために、この「教え育む」内容は強く影響を受けます。一斉教育の前提として否定することのできない「管理」の側面、このために先生たちは本来の志と離れて設備や子どもの管理に忙殺されてしまいがちです。また一人の気になる子がいても、「学級のどの子もみな大事」にすることで身動きならない場合も生じてきます。学校運営上のさまざまなシャドウワークも重なりバーンアウトしかねない先生方。そこに新参者としての「心理」の導入。嘱託、週一回、「管理」の仕事とは無縁の存在としての参入です。教員が多人数で、保守本流、集団本位になりがち（?）なので、対立概念的に、個人に立脚して少数意見を述べるアウトサイダーたる「心理」の導入?……、現状のある側面を単純に表現すると、こんなふうに「心理」も類型化されうるかもしれません。

しかし、対立概念とはいってみても、人間は個人として尊重されつつ、なおかつ社会的存在としても成長しなくてはなりません。思春期のアイデンティティが「自分らしくありながら、集団の中で自分なりの居場所を確保できている状態[19]」にあるのならば、無視されがちな弱者の声を代弁するにしても、どこかで全体との折衷点が必要でしょう。社会の必要とする人材、家族の中で求められる子ども、それらとどう折り合いをつけていくのでしょうか。「心理」が発達の長いスパンで「見守る」ことを常としてきたのに対し、学校には時間制限としての「卒業」に成果がせかされることもあります。もっとも、卒業という区切りが心理的意味をもつ場合も少なくありません。子どもが本来もっている能力を発揮し、その子が生きやすいように援助することは心理臨床でも教育でも目標とされることです。「成長モデル」（医療モデルに比較してのそれ）といっても、どういった成長を思い描くか、何を目指すかは微妙なずれもあるわけで、それぞれにとって使い慣れた言葉（例えば、心理の「見守る」「信じる」、教員の「課題」「達成」など）に包んでしまわない議論が今後の「連携」には必要不可欠と感じます。「心理」はどんな発達を思い描きどんな社会を是とするのか、本流へのアンチテーゼであることを超えて説明していく努力をしなければなりません。

この点に関して、例えば鶴田[21]は、大学の学年歴との関連で大学生の心理的区分としての「卒業期」（入学期・中間期・卒業期の分類）を示しています。今では学生相談の中では広く認識されている考えですが、一九九四年当時、「教育」の言葉に「心理」のエッセンスを吹き込んだ意欲的試みであったと思われます。

2 具体的な連携について

（1） 学校内外でのさまざまな出会い

学校を中心になって担っているのが先生方だとして、ほかの立場で仕事をされている人々も子どもたちにとって大きな力となっています。同じ先生といっても保健の先生は少し異なった立場で子どもたちを支えているし、専科の先生や時間講師の先生方も専科の特徴を生かした関わりで大いに子どもたちを支えてくれます。学校事務の方、一般に用務員さんといわれている方、給食の栄養士さんと調理の方々、警備の方々…、学校の中には、豊かな人生経験をもち、子どもたちに多くを教えてくださる人々がいます。このことは非常に心強いことです。学校外においてもＰＴＡの皆さん（自分の子どもに対する親を超えてＰＴＡが学校のサポーターであることは間違いないでしょう）、教育委員会の指導主事の先生、教育委員会の事務の方々、地域の青少年対策委員会の方々、民生委員の方々、幼稚園・保育園の先生、中学校であるなら小学校の先生方、地域の児童館の職員さん、学童の先生、教育相談室の先生、児童相談所の先生、学校医の先生、などなど。内外の連携相手はさまざまです。いつ誰がどのような力添えをしてくださるか、これはまさにコンステレーションにより動いていくことかと思います。一般論として、日頃から言葉を交わし、我々自身と我々の仕事をよく見知ってもらうことは大前提と思われます。

筆者自身の経験したそんな出会いを少し挙げてみます。例えば、教室に入るのが辛い子にとって、美味しい給食は教室への吸引力です。退職を控えた「給食の先生」の手になる美しい「卒業祝いの膳」の力によって保健室登校の数人が厳粛な面もちで教室に向かった日を忘れられません。また例えば、勤務時間の短いカウンセラーの代わりに、下校途中に「絵を描きたい」という児童にお付き合いくださった警備の方の優しい物腰、本当に助かりました。そして例えば、相談ポストや箱庭を作成（これこそ匠の技！という仕上がりなのです）や季節の花、と「用務の先生」には本当に助けていただきました。さらに、例えば転校してしまった気になる生徒さんについて温かく見守り続け、カウンセラーにプロとしての助言を求めに来られた「友だちのお母様」の頼もしさ。同様に、転勤された後も元教え子のために相談室に足を運ばれた先生…。

スクールカウンセラーという仕事においては、実にさまざまな出会いに助けられてはじめて、児童・生徒たちのために専門の力を生かしていけるのです。

(2) 広報活動と連携を考える

相談室の広報活動のひとつである「便り」。これは連携の基礎作りを担う重要な活動であると思います。大学のように規模の大きな組織では、学校の行事に合わせながら、最低でも季刊発行を目指しますが、小・中学校のような配布システムの確立した凝縮性の高い組織では、「便り」は非常に有効なものとなります。カウンセラーの来校予定を知らせる、という事務的な内容を超えて、相談業務の紹介、子育てへの一言、生徒たちへの一言と内容が膨らんでくると、一枚の紙に何を盛り込み、誰に何を伝えるかということには際限ない可能性があります。テーマ・挿絵・文体など、誌面作りにはカウンセラーの個性が生かされることと思います。

筆者自身がこだわりをもったことを参考例としてあげてみます。

① その時その時、その学校で関わった臨床的な出会いをベースにしたい（その学校・地域の特色、心理臨床家から見て旬なもの。それから、その学校の相談室の中での出会いで感じたこと）。

② 学校のみんなに宛てた文章でありながら、特定の誰かにとって筆者からの確実なメッセージとして伝わり、何か感じてもらいたい。その当人（生徒・父兄・先生）が「読みましたよ」と感想を言ってくれるとき、それはもう感激なのです。

③ 毎月の話をシリーズとしてつなげ、一〜二年で展開とまとまりをもちたい。

などです。

クライエントや未来のクライエントに自分の考えを一方的に伝えることは、従来の臨床では稀なことでした。しかし、小・中学校では、クラスで確実に個人、家庭に配布され、いろいろな反応・手ごたえも戻ってきます。それゆえ、「連携」の土壌を耕すためにはこの「便り」という方法は大切なものと思われます。あまりに特定個人宛でその他の人には意味のないことを書くわけにもいかないし、かといって心に引っかかっている誰かにも確実に伝えたい。その辺の微妙な思いを託しながら勤勉に連携の種をまく作業というイメージです。こういった相談室便りを「先生方向け」と「生徒向け」「保護者向け」に分けて発行する試みも可能でしょうし、学校便りやＰＴＡ便りなどに寄稿する機会も大切にしていきたいものです。

連携の土壌作りという意味合いにおいて、各種研修会、会合での顔合わせや意見の交換は貴重な時間になります。具体的には職員会議、教員研修会、教職員の私的な懇話会などがあります。また、地域の養護教諭や生活指導担当教諭の研修会・連絡会といったものも、各地域ごとに呼称はさまざまですが、自主的研修も含めて多く行われています。現場の教員は熱心によりよい教育実践を模索しているし、また、リフレッシュして現場に戻るような各種会合を希求しています。

新規参入期にあるカウンセラーにとっては、そういった会合に同席させてもらえるかどうかは最初の関所とも感じますし、その場での一挙一動がその後の活動の試金石になっていきます。基本的姿勢としては、教育現場での実践においてすでに実行されているよい兆候を支持しつつ、心理の立場から考えられる発達的・家族的視点とそれに関する具体的試みをいくつかの選択肢として呈示してみることができたら、と思われます。また、保護者との学習会や青少年対策委員会などに参加していくことで、その地域の雰囲気や特徴を知り、その中でどのような仕事が必要かを模索するよい機会になります。そして、そのような出会いの中で個別の事例を紹介され、実際の連携が始まっていきます。

（3）教員との連携について

教員といっても立場はさまざまです。校長、教頭、教務主任、学年主任、生活指導主任、教育相談担当教諭など校務分掌上要職にある教員とどのように関わり合っていけるかは非常に大切ですが、とても簡潔にまとめられるとは思えません。また、保健室の先生である養護教諭とは「連携」という言葉で片づけられないほど密接に「協働」していく必要があると思われます。それゆえ「連携を考える」本文においては、担任教諭との協力関係に焦点を当ててみたいと思います。

全校配置が目指されている今日においても、スクールカウンセラーの勤務は週一、二回のところが多く、日々学校現場で生徒およびその保護者に接触する立場にあるのは担任教諭です。不登校状態にある生徒のように直接の接触が困難な場合であっても、担任にとってみれば自分の生徒であるという思いは強く、熱心な教員ほど直接生徒に関わっていきたいと思うのではないでしょうか。そんなとき、学校の中にいるカウンセラーは担任とどういった協力が可能でしょうか。

鵜飼[22]は、「スクールカウンセラーとは、学校内で子ども（青少年）の発達援助・促進する役割を持つ立場にある特定のスタッフであり、（中略）学級担任とは別に、学校全体に関わる位置にある」と定義しています。これに従えば、スクールカウンセラーは各事例（学校事情・生徒の特徴など）

を考慮しつつ、担任の生徒指導を間接的に支えるコンサルテイションのみならず、子どもの発達援助・促進に必要な関係者（子ども本人・保護者・教員・友人）と有意義な関わりを適宜選択していくことになります。

当初担任へのコンサルテイションを主眼とした関わりの過程も、ある時点からはスクールカウンセラー自身も現場のスタッフの一員として生徒もしくは保護者と直接関わることがあります。ある場合は「一度会ってみてください」という形で生徒についてのスクールカウンセラーの「意見」が求められたり、またある場合は本人または保護者との面談を分けもつことが求められたりします。学校の「場」としての特色を配慮する立場からは、不登校の児童・生徒をスクールカウンセラーが抱え込んで学校現場に彼らがなかなか戻れない可能性への危惧[11]や、教育の場面に治療相談機関的機能が持ち込まれることへの疑義[12]があります。鵜飼[22]や伊藤[7]がとりわけ「学校の場への参入」について注意の喚起を促すのはもっともなことです。筆者も学校内でカウンセリングを行う場合、関係する教員と役割を分担することはその後の生徒の学校への適応や教師の生徒理解のために非常に有効だと感じています。さらに思春期にある生徒の対応であれば、母子の分離を促進するためにも母親担当者、生徒担当者（この場合、学内・学外を問わない）を分けもてることは思春期にある子どもたちにとっての第二の誕生・母子分離[9]の過程に促進的でありうるとも思います。担任とスクールカウンセラーとが一つの事例について、一人で抱え込むことをせず、お互いそれぞれの立場を生かし協力し得たなら、生徒自身にとって大きな利益になるのではないでしょうか。

「協力」の一例として、スクールカウンセラーが母親面接、担任が生徒への家庭訪問をする場合もあるでしょう。担任はクラス全員にとっての「担任」であり、また教員として「評価者」でもあり、不登校状態の生徒にとってニュートラルな存在とはなりにくく、担任の訪問には難しい点も多いものです。それでも「学校に来ないときであっても担任が気にかけており、学校に来ないことで何らかの烙印を押すつもりはない」とのメッセージを伝えられれば、まず訪問の意図は達したといえます。思春期の子どもたちは個人的なモデルとなりうる人生の先輩（同一視の対象としての new object）[5] をどこかで希求しているものです。このため訪問してくれる先生が「担任」や「評価者」を離れて、生徒個人にとって親近感のある存在となることも生じうることでしょう。担任が多忙な時間の間隙を縫ってこういった家庭訪問を行う物理的負担や心理的負担について理解・共感しつつ、よりよい訪問になるお手伝いをできたなら、黒子「心理」としては本望といえます。

【具体的連携例─不登校生徒への侵入的にならない効果的訪問の模索】

侵入的でなく訪問することに関連して筆者が抱くイメージは、『星の王子様』[17] における狐と王子様の会話です。狐はよりよく付き合うために、王子様が決まった時間に訪問することを要求するのでした。心理臨床では「構造」が大切とされています。[15] 基本的なのは、「相談室」「面接室」をクライエントが訪れ、カウンセラーは迎え入れるという形式。この場合、クライエントは解決したい何かを携えての訪問であることが多く、モチベーションがある人といえます。けれど、スクールカウンセリングにおいては、スクールカウンセラーと会いたいと思っていない人ともカウンセリング的な関わりが求められることがあります。それまでは相談室で、モチベーションのある訪問者を待つ仕事をしてきた（外見は）受動的な心理の人間も、心理の仕事の広がりにより、それまで回避していた（外的）能動性を要求されているともいえます。例えば訪問面接。「はっきり言って、かまわないでほしい」という状態の中で、当人にとって大切な砦である自宅に押しかけていくことは、どうみても領土侵犯です。立場上そうするしかないとき、いかに侵入的とならず心理臨床の活動としての意味を見出していくか、細心の心がけが必要です。このあたりの具体的な注意事項については田嶌[20]が詳述しており、参考になります。筆者自身の経験からそんな出会いを少し書きます。

A子は中学一年の前半からずっと学校は休みがちでした。三年の担任は熱心で、受験で忙殺される時期まではA子に関わりたい気持ちがありました。そこで先生が忙しくなる二学期から筆者がバトンタッチすることになりました。前もって手紙で知らせて訪問するも、その日はインターホンに応答がありませんでしたので、筆者はメモを残して学校に戻ることとしました。冷たい雨の中で会うこともできず、何とも情けない思いでした。その後は担任の口添えもあって家に上げてもらえましたが、何を話したものか迷いました。飼い猫のこと、ゲームのこと、そして好きなバンドのことなどを話しましたが、基本的に無口で、あまり自分の話をしたことのない彼女にとって、最初の頃は、迷惑な訪問者が早く帰りゲームの続きをしたいというのがその本音だったのではないでしょうか。

それが徐々に変化していきました。五分の訪問がいつのまにか二十分、三十分となり、彼女が会話を楽しみにしている様子が感じられました。そして年明けには学校内の相談室に来てくれたのです。何度かの相談室訪問で手芸をしたり、お話をしたり…。あの雨の日には彼女がこんなふうに自分の意志で「訪問」してくれるとは想像できなかっただけに、筆者にとっては感激の時間でした。卒業文集に彼女はこう書いていました、「一年のときから学校に行けなくなった。学校の意味がわからなかった。けれど三年になって、先生と話して、そうしてカウンセラーとも話して今はそれがわかる。学校はみんなと会える、楽しい場所だとわかった」。素朴な文章の中に、彼女らしい前向きさが感じられました。学校と家の間で筆者は彼女の代理人であり、担任の代理人でもありました。学校と彼女とのつながりが直接もてれば静かに消える。彼女がいずれ筆者を忘れてしまうほどに、侵入的でない、そんな訪問でした。けれど侵入的ではなかったことは反面、微力だったともいえます。自分の微力さに苦い反省を抱えつつも、学校の一員としての連携プレー、先生の代打という役回りの範囲では責を果たしたのではないか、と客観的に思っています。

（4）保護者との関わりに含まれる「連携」という視点

小学校高学年から高校にかけての時期は、子どもだけでなく親にとっても安定の崩れる時期です。中年期に入り心身の衰えの自覚や子離れに伴う役割喪失感など、改めて自分を見つめざるを得ないからです。「思春期」は親にとっても子にとっても危機的な時期といえます。双方にとっての新しい一歩がスムーズに踏み出されるためには、親に対しての関わりも重要になってきます。思春期におけるる心理療法を語るとき、子どもたちへの直接の関わりが重要であると同様、親へのアプローチも児童期とはまた違った意味で効力をもち得ます。引きこもり、家庭内暴力、強迫症状など重篤なケースはむろんのこと、逆に軽度のケースの場合も親の面接が重要になります。第二の再接近期と呼ばれる思春期においては、親に改めて接近したい子どもの側の欲求とそれと拮抗する自立への欲求[2]、親側の子育ての荷をおろしたい気持ちと、子離れに抗う執着心など、さまざまな要因がからまり、子どもの強い「反抗」「暴力」「退行」などを生むことがあります。「このように大きく育った子とどのように関わればよいのか、今さらどのように温め見守り支え得るのか」という親側の戸惑いは大きいものです。

　体力的にも限界のある中年期の親が体力的に頂点にある子を受けとめていくには、何らかの「制限」が必要です。この「制限」によって親も子どもも守られていくのです。こういった親にとってのの子どもへの関わり方の具体的示唆、そしてそれ以上に親がこの苦境を生き抜くことへの精神的支持に、親面接の大きな役割があります。「過保護」や「父性欠如」といった周囲からのレッテルを受けがちな家族は、子どもの症状に不安や罪悪感などをもち、葛藤を抱えることが多いものです。そんな彼らが子どもにとっての「対象」としても「環境」[23]としても機能し、子どもの成長を支えていくためには、「病理を生み出す場」というスティグマをリフレームし、家族自身もケアされていくことが大切になります。そしてそのプロセスの中で、保護者は「連携すべき協力者」として共同作業をしていく人となるのです。

(5) 他機関との連携

a 医療機関との連携

学校が医療機関と連携するとき、従来イニシアティヴをとってきたのは養護教諭です。スクールカウンセラーは学内での専門家との連携を大切にしつつ、学外の専門家とも心理職として関わりをもたねばならないと思います。こちらから医療機関につなげる際のクライエントへの配慮や医療機関との連絡のとり方など、すでに多く論じられています。[6] どんな場合であっても「誰を向いて仕事をしているのか」を意識し、「誰のための連携か」を常に心に留め（当然、心理のためでも教師のためでも医師のためでも、強いていえば親のためでもなく）、病院に行くことが本人にとって利益になるよう最善を尽くすことははずせないと思います。

b フリースペースなどとの連携

親の相対化・分離化が課題となる思春期では、「孤独」が危機として存在します。思春期は仲間の中でのアイデンティティ[3]が重視される時期なのです。この時期の同年齢集団での生活は確かに大切であり、本人もそれに対して畏怖と渇望をもっています。思春期における心理臨床においては、個人面接を中心に展開するにしても、クライエントの内面が充実し外への殻・壁が適度に育った段階においては、比較的守られた形での同世代集団への関わり（居場所作り）を援助する視点は欠かせません。学外にある公立の「相談教室」や「治療教室」、またＮＰＯによる「フリー・スクール」、「共同作業所」[14]などの施設は、不登校になった若者に安全で守られた居場所を提供しています。そこは彼らが自らを育てなおし、生きる方向を見出していくために欠かせない拠り所なのです。その居場所に時宜を得て彼らを送り出すことも、個人相談での大切な仕事です。そしてまた、学外と学内の中間地点たる学内相談室は、そこから本校に戻る方向へのお手伝いを担う努力も大切です。

学内相談室は学内にある以上、本来の相談業務がなされる場所というだけでなく、生徒たちのサロン的・止まり木的機能を保健室と分けもつ役割は大きいと思われます。

四　学内相談室の課題――「守ること」と「つなぐこと」

ここでは、教育相談センターなどの学外相談室とは異なる中学校・高等学校内相談室における相談の留意点について述べたいと思います。

学内の相談室は、クライエントである生徒の授業や友達や先生といった現実生活に隣接しています。気軽さ・便利さがその長所ですが、反面、注意も必要です。思春期にある生徒たちにとっては、とりわけこの現実生活の場と内界を語る場の隣接は混乱のもとにもなりやすいものです。親との関わり、友達との関わり、教師との関わり、自分との関わり、カウンセラーとの関わり、その関係ごとに彼らは異なった自分で在るかもしれないからです。

学内の気軽さからさまざまなニーズに応えることができる相談室では、生徒との個人面接や保護者面接が行われるほかに、生徒たちがグループでサロン的に部屋を利用することも、先生方がアドバイスを求めて立ち寄ることも当然あります。同じ空間を異なる目的で使うそれぞれの利用者のプライバシーを守ることは、カウンセラーにとって非常に重要な仕事の一つといえます。またグループで来室したときなど、彼らから複数のメッセージが飛び交います。これらのうち、あるメッセージはその場で受けとめ応じるべきものであり、別のものは温めつつ介入時期を長いスパンで探るものかもしれません。このような相談室運営上の配慮は、個人面接の維持だけでは見えにくいさまざまな資源との接点であり、本人の現実復帰のキッカケを含みもっています。本人を囲む環境整備に関わる大事な作業とも考えられます。

入退室のときに廊下で顔見知りの生徒や保護者と会ってしまうかもしれない学校の中の相談室に来談することは、不登校の生徒の保護者にとって決して心楽しいことではありません。呼び出しに対して「出頭」と感じる人もいることでしょう。学校以外の相談機関への来談でさえ気楽ではない保護者のせっかくの学校訪問を、ぜひ何らかの突破口としたいものです。結果として何カ月間にわたり何回かの来談を果たし、多くの仕事をしていく可能性があるのです。

ただコンサルテイションやガイダンスとは異なり、本来ならより構造的に守られた専門機関にてじっくり取り組むべき「カウンセリング」を現実との壁が薄い「学校の中の相談室」で提供していくには、さまざまな困難が伴います。先述したような他者との遭遇によるクライエントの困惑のみならず、カウンセラーの拝聴の姿勢にも影響します。そもそも「拝聴」はカウンセラーにかなりの疲労をもたらすものです。共感的な感情体験からある種の逆転移が生じており、面接を終えてもその余韻のもとにある[10]ような場合、即座に現実的アドバイスや応答をほかから求められても応じるのに困難を感じることもあります。とりわけ、このような面接の中で起こっていることを周囲（関係する教員など）に理解しやすく説明するのは難しいことです。しかしスクールカウンセラー一人が現実的場面で面接していく場合、「拝聴」に注ぐはずのエネルギーのいくらかを使い「面接を守る環境」も自ら守り育てていかねばなりません。

スクールカウンセラーは数少ない事例にかかりきりにならずコンサルテイションを通して学校全体に関わることがいわれてますが、[7]一方、実際の学校現場では実践（直接のカウンセリング）が求められてもいます。こういった場合、事例を通して教員の理解を深め、教員が直接事例に関われるように運んでいく作業も必要となります。守秘義務や面談への集中という面接の内側での仕事を維持しつつ、事例の学校場面での適応のためにも、その学校場面での教育相談の発展のためにも、周囲への「解説」[16]という面接の外側の仕事も怠れません。

この相矛盾する「仕事」をできる限りそれぞれを損なわず実現していくことが、学校場面での心理臨床の実践では求められているように思われます。

先述した個々の連携が幾重にも折り重なり合いながら、児童・生徒・学生の成長を見守っていくわけですが、一度できた「連携」に安穏としていることはできませんし、クライエントとの時間・空間を守るという視点についても、ここまでいけばもう安心、と無防備になりきることはできません。ネットワーク、チームワーク、連携が重要視される時代であるからこそ心に留めたいことがあります。それは、よりフットワークも軽く連携可能な職種もその取り柄であり、またスクールカウンセラーがその専門性と不可分なものとして足に引きずる守秘義務の責もまた、他に替えがたい取り柄である、ということです。今後も我々の仕事における「守ること」と「つなぐこと」、すなわち守秘義務と連携とのアンビバレンスに耐えつつ、クライエントのために最良の選択を刻々と選び続けていかなければならないと思います。

以上、連携の前提としての心理の専門性と守秘義務、学校現場の特色、具体的連携、学内相談室の特徴について述べてきました。近年心理の職域の広がりに伴って、さまざまな「連携論議」がなされるようになりました。いろいろな立場や考えがあるようです。筆者の文章も筆者自身の連携体験からもたらされる偏りもあろうかと思います。賢明なる読者の皆様がご自身のさまざまな経験に照らして、筆者の言葉足らずな文章を補いつつ読んでくださることを願います。

引用文献

（1）青木健次「第三十七回全国学生相談研修会における講義」二〇〇〇
（2）Bloss, P.: The Second Individuation Process of Adolescence. The Psychoanalytic Study of The Child, 22; 162-186, 1967.
（3）Erikson, E. H.: CHILDHOOD AND SOCIETY. W. W. Norton & Company, 1950.（仁科弥生訳『幼児

期と社会』Ⅰ・Ⅱ、みすず書房、一九七七）
(4) ヘルベルト（三枝孝弘訳）『一般教育学』明治図書、一九六〇
(5) 乾　吉佑「青年期治療における〝new object〟論と転移の分析」笠原、清水他編『青年の精神病理』弘文堂、一九八〇
(6) 一丸藤太郎「スクールカウンセラーと医療機関との連携」『臨床心理学』一(二)、一六六―一七〇、二〇〇一
(7) 伊藤亜矢子「学校という『場』の風土に着目した学校臨床心理士の二年間の活動過程」『心理臨床学研究』一五(六)、六五九―六七〇、一九九八
(9) 亀口憲治「思春期の母子システム」日本家族心理学会編『思春期・青年期問題と家族』金子書房、一九八九
(10) 神田橋條二『発想の航跡』岩崎学術出版、一九八八
(11) 北村陽英「学校精神保健のありかた」『現代のエスプリ』三〇、六一―七五、一九九五
(12) 国分康孝「学校カウンセリングの基礎」『現代のエスプリ』三〇、七六―八六、一九九五
(13) Luhmann, N.: VERTRAUEN. 1973.（大庭健、正村俊之訳『信頼』勁草書房、一九九〇）
(14) 村瀬嘉代子『よみがえる親と子―不登校児とともに』岩波書店、一九九六
(15) 小此木啓吾『治療構造論』岩崎学術出版社、一九九〇
(16) 大野精一「学校教育相談―具体化の試み」『月刊 学校教育相談』ほんの森出版、一九九七

(17) Antonie de Saint-Exupery: Le PETIT PRINCE. 1943.（内藤濯訳『星の王子さま』岩波書店、一九六一）
(18) 佐藤学『世界で最も学ばない日本の子』岩波書店、二〇〇一
(19) 菅佐和子「思春期とアイデンティティ」鑪幹八郎、山下格編『アイデンティティ』日本評論社、一九九九
(20) 田嶌誠一「不登校・引きこもり生徒への家庭訪問の実際と留意点」『臨床心理学』二、二〇二―二一四、二〇〇一
(21) 鶴田和美「大学生の個別相談事例から見た卒業期の意味―比較的健康な自発来談学生についての検討」『心理臨床学研究』一二(四)、二九七―三〇七、一九九四
(22) 鵜飼美昭、鵜飼啓子『学校と臨床心理士』ミネルヴァ書房、一九九七
(23) Winnicott, D. W.: The Maternal Processes and the Facilitating Environment. the Hogarth Press Ltd., London, 1965.（牛島定信訳『情緒発達の精神分析理論』岩崎学術出版、一九七七）

（大妻女子大学学生相談室　渡部　未沙）

第Ⅲ章　児童福祉と母子保健の連携

一 はじめに

児童福祉と母子保健との連携は、親の子育てを支援する上で欠いてはならない視点であると考えられます。本章では、児童相談所心理判定員という立場から、保健師（県保健所や市町村保健センター所属）との連携について考えてみたいと思います。児童相談所という機関の特性と、現在大きな問題となっている虐待への予防的対策について紹介しながら、連携におけるポイントをいくつか提示します。

二 連携と児童相談所

1 連携の中にある児童相談所

児童相談所（以下、「児相」）は、昨今の虐待対応の機関として知られていますが、相談件数の中で最も多いのは発達障害などの障害相談です。これは、療育手帳の判定や、乳幼児健康診査後の精密健診が市町村から依頼されてくるなど、制度的な判定を担っているためです。次に相談件数が多いのは養護相談で、この中に虐待相談も入ります。その次に育成相談、非行相談と続きます。

児相は、〇～十八歳までのありとあらゆる相談にのるところとして、都道府県と政令指定都市に必ず設置されてきた機関です。しかし、時代は様変わりし、ほかにも子どもの相談機関が増え充実してきたこと、子育てに関することは住民に最も身近な市町村が主体になっていく流れにあることなどから、児相の機能や役割を再考する動きが活発です。その中で、ますます強まる児相への要望の一つは、子どもの問題に関して、より専門性の高い機関であってほしいという声です。

児相のケース対応の主なやり方は、ケースワーカーが親の面接や学校の調査などを担当し、心理判定員が子どもの面接や心理検査を担当します。医療的な診断が必要ならば、児童精神科医が面接します。また、行動観察や緊急の保護が必要なケースは、一時保護を行います。こうして、社会・心理・医学・行動という四つの診断を持ち寄って多面的にケースを理解し支援していく点が児相の特徴であり、専門性を現すことでもあります。

厚生労働省から示されている「児童相談所運営指針」では、児相の三つの基本条件として、こうした「高い専門性」や「地域への浸透性」に加え、「他機関や他職種との連携」を掲げています。最近では、機関同士の連携だけでなく問題領域ごとのネットワークや連絡会の重要性もたびたび強調されています。制度的にも他機関とつながっていますし、ケースをめぐる他領域との協働まで、連携は大変幅広い概念で捉えることができます。それに従えばまさに、児相のケースへの援助活動は、連携の中にあると表現できます。ですから、児相が援助活動を展開していくときに、他機関や他領域と効果的に連携できるかどうかということが、ケース処遇の鍵となることも多くあります。実際のケースやネットワークなどでは、効果的な機関連携が展開できることばかりではなく、連携とは「言うに易く、行うに難し」というのが日々の実感です。

2 虐待における母子保健との連携

わが国の子ども虐待への取り組みは、不適切な養育環境から子どもを保護することを中心に進められてきました。虐待対応の中核機関である児相は、主に危機介入にあたり、増加する相談件数に対応するだけで精一杯の現状です。

子ども虐待への対策が進むにつれて、予防的な面への対応に力を入れていくべき段階となっています。乳幼児期の虐待は、生命の危機や重篤な障害につながる危険性が高いことはいうまでもありません。さらに、虐待の開始年齢は発見年齢からさかのぼり、多くは乳幼児期に開始されていることが明らかです。大阪児童虐待研究会の調査結果（一九九三年）[5]では、三歳までに虐待が開始されているケースは、虐待全件数の六四・六%、最近の厚生科学研究[1]で行った調査では、三歳未満に虐待が開始された件数は五〇%でした。また、村瀬[4]は第四十二回日本児童青年精神医学会の発表で、児相が取り扱ったケースのうち、介入時の子どもの年齢が月齢七十二カ月以下の群のほうが、そうでない群に比べて有意に改善されたことを明らかにしました。

　以上のことから、今後の虐待対策は、福祉と母子保健とが連携・協働して予防的な視点を入れながら、乳幼児とその親への支援を重点的に考えていくことが不可欠であると考えます。さらにその際には、児相や保健所という県の機関が専門性を発揮しながら、市町村と連携を取り合ってどのように効果的な支援体制を整えていくのか、戦略的によく考える必要があります。県と市町村のレベルの役割分担を明確にし、各機関が相互に作用し合う支援システムを考えていくことが重要になってきます。

　また、こうした県と市町村との連携における支援システムの試みを実践することの背景には、筆者が行政機関の相談部門である児相に所属していることも大きいと考えます。本章では、実践を紹介しながら、行政の相談機関である児相と、その心理職の役割についても言及していくつもりです。

三　子ども虐待予防教室

　二で述べた問題意識に立ちながら、児相と健康福祉センターが共催して、「子どもを叩いてしまう」と訴えてくるなどの虐待イエローゾーンの親を対象としたグループ・ケア活動を実施しました。

健康福祉センターとは、県の保健所と福祉事務所が一体となった出先機関ですが、静岡県には九カ所あります。また、ここでいうイエローゾーンや後述されるグレーゾーンあるいはレッドゾーンとは、マルトリートメント（大人の子どもへの不適切な関わりや養育）という概念からきているもので、子ども虐待の重症度の程度による一応の区分です。子どもの生命や安全を確保するために保護などが必要な重度の虐待はレッドゾーン、生命の危険などはないものの虐待が認められ重度化しないように支援の必要性があるイエローゾーン、不適切な関わりについての啓発や教育をしていくことで虐待へ発展することが予防可能な領域をグレーゾーンとします。（図4）

1 方 法

児相と健康福祉センターとが共催するという新しいやり方であったため、両機関の職員がスタッフとしてまと

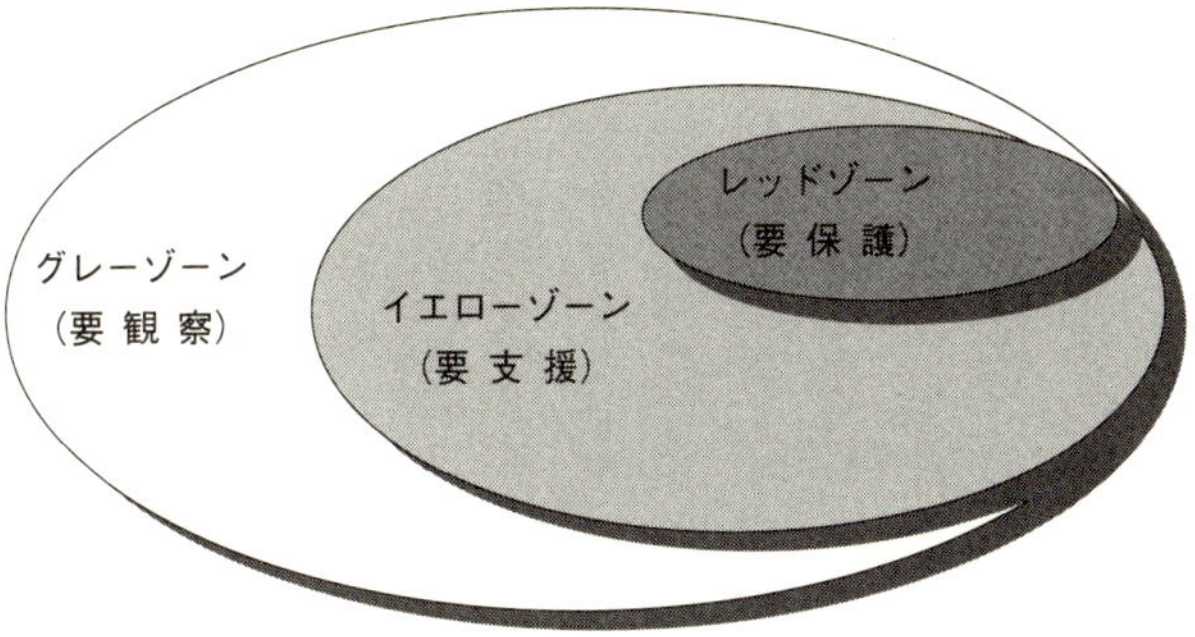

図4 不適切な養育の階層性

まることが大切でした。それには、グループ・ケア活動への共通認識と具体的なグループへのイメージをもつ必要があります。そこで、まずスタッフで虐待対応の現状や親支援のあり方などについて勉強会を何回か行い、さらに先進的な取り組みを実施している大阪府の保健所を訪問調査し、東京都の区保健所や埼玉県の児相の試みについて聞き取り調査をしました。

子ども虐待予防モデル事業として実施した内容は、①事前学習会およびケース選定会、②グループ・ケア活動、③事後報告会、の三つに分かれています。以下にその内容を述べます。

（1）事前学習会およびケース選定会

この健康福祉センターの管内は当時三市十町でしたが、それらの市町の保健師や家庭相談員に対し、子ども虐待予防教室への理解と協力を得るために、虐待についての事前学習会を二回開催しました。また、対象ケースを選んでいく手順として、ケース選定会を二回開催し、市町保健師が抱えている困難ケースを事前学習会へ出してもらい、検討しながらグループの対象者を決めていきました。

（2）グループ・ケア活動

a 目　的

子ども虐待を行っている、または行う危険の高い親に対し、子育てや親自身について振り返る機会となるグループの場を設定し、虐待の軽減や予防を図ることを目的としました。

b　対　象

子どもへの虐待が危惧され、イエローゾーンと思われる約十組の親とその子どもをメンバーとしました。クローズドのグループとしました。

c　構　造

場所は、健康福祉センターで行いました。平成X年九〜十二月の隔週で計八回。午前十時から十一時三十分の九十分間。母子分離を原則としました。親グループはグループミーティング、子どもグループは別室でテーマ遊びや自由遊びを行い、各グループの途中でお茶の時間を設けました。

d　スタッフと役割

①　親グループ―ファシリテーター二名（保健師一・心理判定員一）、記録一名（保健師）

②　子どもグループ―子ども担当六名（保健師一・家庭相談員一・心理判定員三・保育士一）

③　スーパーバイザー―児相精神科医一名

e　内　容

①　グループの性質と約束―親グループではまず、子どもを中心とした従来の療育教室とは異なり、このグループは親を主体とした「親のためのグループ」であることを明確に説明しました。

連絡ノートの裏表紙に四つの約束（①人が話しているときは聞きましょう、②ここで聞いた話は外では話さないでください、③話したくないときは話さなくてもいいです、④時間を守ってください）を書き、毎回のグループ開始時にそれらの約束を全員で確認しました。

② 連絡ノート―母親が子育ての悩みや困っていることなどを毎回書いて持参し、子どもの担当スタッフがコメントを記入して返すようにしました。

（3）事後報告会

八回のグループ・ケア活動が終了してから、管内市町の保健師や家庭相談員に対して、グループ・ケア活動を中心に実施結果の報告会を開催しました。また、各メンバーのフォローについて市町のケース担当者と協議し、さらに各市町における虐待対応についての現状などを発表してもらいながら、次年度の取り組みについても話し合いました。

2 結　果

（1）事前学習会

市町の関係者に対し、子ども虐待予防教室への理解と協力を得ることは、グループ・ケア活動の実施だけでなく、今後の虐待対応における地域のネットワーク作りに大変重要になると考えました。

そこで、子ども虐待における学習会を二回行いました。各回の講義内容は「児相の取り組みの現状について」「虐待対応における保健と福祉の協働について」「精神科の基礎知識について」でした。次に、Y市保健師によるケース報告、さらに子ども虐待の現状や対応の難しさについて意見交換会を行いました。参加者は、管内市町の保健師、児童福祉担当職員、家庭相談員など、約四十名でした。

(2) ケース選定会

市町保健師が担当しているケースのうち、心配なケースを一ケースずつ「援助のための個票」へまとめ、選定会へあげてもらいました。三市十町から計三十ケースが出され、一ケースずつ二日間にかけて検討しました。その中から、次のケースを対象から除外しました。

① ネグレクトなどの問題で、ケースワーク的な対応が優先するケース。
② 精神疾患などで医療的な関わりが中心となり、グループ参加が難しいケース。
③ 交通手段の問題や自宅が遠いなどで継続参加が難しいケース。

その後、市町が関わりながらやっていけると思われるグレーゾーンのケースと、イエローゾーンあるいはその危険性のあるケースとに分けていき、グループの対象と思われる十六ケースに絞りました。

次に、グループの愛称と案内を検討しました。案内には「虐待」の文字は出さずに、子育ての悩みなどについて語り合う親のためのグループであることを強調しました。市町担当者がその案内をもって各ケースを家庭訪問し、グループへの参加を勧めていきました。

最終的に参加意志のある十名がメンバーとして決定しました。

（3）各回の参加状況

参加人数については、初回が八組の親子でした。全回を通して四名の親が定着しましたが、最終回は子どもの病気が理由で、二組の親子の参加となりました。子どもは、一歳児から三歳児が多かったようです。各回の参加人数は表1に示します。

（4）各回の親グループ・子グループの様子

親グループのファシリテーターは、保健師と児相心理判定員の二名があたりました。丸くなるように配置した椅子に自由に座ってもらい、なるべくスタッフ同士は並ばないように心がけました。話したいメン

表1　各回の親子の参加人数

		1回	2回	3回	4回	5回	6回	7回	8回	計
親の参加人数		8	3	3	3	4	3	3	2	29（実9）
子どもの参加人数	乳児	1	1							2
	1〜3歳	7	4	4	4	6	5	5	4	39
	4歳以上			1	1					2
	計	8	5	5	5	6	5	5	4	43（実10）
合　計		16	8	8	8	10	8	8	6	72（実19）

バーは話せるように、話したくないメンバーには発言を強制しないように気をつけ、親の話に対して指導や助言はせず、親がくつろげてふっと力を抜くことができる場になるように心がけました。
また、母子分離を原則としたものの、分離が困難な子どもに対しては、親グループの部屋の片隅で、その子どもの担当スタッフが一緒に入室して遊ぶように工夫しました。各回の親グループと子どもグループの様子を表2に示します。

表2 各回のグループの様子

親グループ	子どもグループ
【初回】 八名の参加。スタッフから「親のためのグループ」であることと、三つの約束について話す。はじめは緊張した表情であったが、自己紹介で「育てにくい子どもの育児の大変さ」「家族関係が原因で育児にストレスを感じる」「子どものときに虐待を受けた経験がある」など、涙ながらに訴える親が続き、終了時間をオーバーしてしまった。終了後、参加者から「こういう会は経験したことがなかった」との感想があった。	参加人数八名。スムーズに母子分離できた子は五名、全く離れられなかった子が一名、母親グループと子グループの部屋を行ったり来たりしていた子が一名、母親に半ば強制的に子グループへ置いていかれた子が一名であった。母子分離できた子の中には、感情を示さず、いくら遊びに誘っても部屋の隅で皆の様子を眺めているだけの子もいた。

親グループ	子どもグループ
【二回目】参加人数が三名で、ゆっくり話ができた。「このままでは子どもを殺してしまいそう」と訴える母親がいたので、この保健所で行っている精神保健相談を紹介し、精神科医につなげることができた。話し合いでは、自分のことを話すだけでなく、ほかの親の発言に共感したり助言し合うこともあった。「悩んでいるのは、私だけではない」と参加者が思える回だった。	参加人数五名。前半は、一組の姉弟二名だけだったが、後半もう一組の兄妹二人が加わった。後半参加した兄妹は、不安が強く慣れにくかった。しかし、自分が受け入れられていると感じると落ち着き、表情もよくなり、遊んだ。一人一人の子どもについて、決まったスタッフが意識して関わっていくことをカンファレンスで話し合った。
【三回目】子どもの病気について、育児方法、親自身の息抜き法など情報交換が活発にされた。少しずつ慣れてきたためか、自由に話せるようになってきた。「スーパーで子どもを泣かせるのは親の対応が悪い」と理想的な育児を実践しようとしている親の発言もあった。各メンバーの個性が出てきた感じで、自分と意見が合わない親とは距離をおく場面もみられた。	毎回遊びのテーマを設定したが、それにはこだわらずに、担当スタッフが各子どもの好きな遊びを中心にじっくり相手をすることにした。最初の頃は、子どもにとって親を待つ時間だったが、回を重ねるごとに落ち着いて遊べるようになり、表情や言葉での感情表現が豊かになっていった。
【四回目】それまで参加できなかった新メンバーが参	他児に噛みつくなどの乱暴な子どもや、多動

加し、「第二子がやたら人に噛みつくので外出もできない」「つい子どもを叩いてしまう」という自分の苦しさを発言した。以前に相談した人から「子どもを叩くのは虐待」と言われ、つらかったと涙を流して訴えた。ほかの親は新メンバーにアドバイスをしたり、受け入れている様子であった。	で「育てにくい」と母が言っていた子どもも、少人数の中でじっくり関わることで、目立った問題行動はグループ内でみられなくなった。
【五回目】前半は、分離できない子どもが同席し、やや集中しにくかったが、子どもの病気（アレルギーなど）の話が活発にされた。後半は、子どものしかり方や兄弟関係についてなど、相互に助言し合い、具体的な話題だったので、それぞれが発言できた。「以前より子どもに手を出すことがなくなった」と語る親がいた。育児について意見交換をし、グループ終了後も続いていた。	小麦粉粘土をやるが、子どもは最初恐る恐るという感じであった。分離できない子が四人いたので、親グループの部屋の片隅での粘土遊びとなり、親グループがやや落ち着かなかった。慣れてくるにつれ喜んで遊ぶ子どもが多かったが、手が汚れることに抵抗を示し最後まで触らない子もいた。
【六回目】体調をくずしている子どもが多く、三名の出席。前回は子どもの話題が多かったため、母親の気持ちに焦点を合わせるように心がけた。自分のささや	縄跳びを使って、身体を動かして遊んだが、今までみられなかったようなうれしそうな笑顔をみせる子がいた。また、母グループの部

親グループ	子どもグループ
かな息抜きと楽しみの話題で盛り上がった。月一～二回のコーラスやエステで自分の時間をもち、自分を癒しているという親に対し、「いいねえ」という声があった。明るい話題だったからか、参加者の顔はなごやかで、終了後もしばらく交流していた。	屋で過ごした子どもたちも、だいぶ母親から離れスタッフと遊ぶことができるようになった。自分の好きな玩具で落ち着いて遊んだり、友達とのやりとりもできるようになってきた。
【七回目】「この会は自由になんでも話せる場」という発言があった。また「メンバーから助言されたことを家で実践して生活を改善している」という発言もあり、この会が学習の場としても受け止められていることがわかった。また、ある親から「虐待」の話題が出され、「孤立し苦しみながら虐待をしてしまうことはあると思う」と認めた上で、母親を責めるのではなく支援してほしいという声が聞かれた。	音遊びであったが、自分がやりたい遊び（豆を使ってのままごと遊びなど）に熱中していた。以前は、与えられた遊びをおとなしくやっていたが、だんだん自分の遊びたいことを主張できるようになってきた。母子分離できない三名の子も、親グループの部屋でのびのびと遊んだ。途中、おもちゃの取り合いで子ども同士がつかみ合う場面や、興奮してスタッフと戦いごっこになる場面もみられたが、どの子も母親が近くにいることで安心していた。
【最終回】子どもの病気でどうしても参加できなくな	今までおとなしく要求もしてこない子ども

ってしまった親が二名あり、参加者が少なかった。最終回ということもあって、じっくり話をしていた。年末の忙しさと正月の帰省の話題となり、休日にやっと頼んで夫に子どもの面倒をみてもらった話や、夫の親戚との付き合いの大変さと嫁の立場の弱さが語られた。最後に全体を通してのアンケートを記入してもらった。熱心にたくさん書き込んでいた。

が、ぐずってみたり泣いたりして、自分の欲求を表現することがみられた。母の顔を見ると泣くが、母が手を差し伸べるまで母へ近づこうとはしなかった。ＡＤＨＤ（注意欠陥・多動性障害）の傾向がある子どもは母子分離できず母と同室であったが、母のところへは行かずにスタッフと手先の遊びに集中していた。

（５）グループ終了後のアンケート

グループのメンバー全員にアンケートを実施しました。その結果、参加のきっかけは「育児の悩みを少しでも解決したかった」「自分と同じ悩みをもっている親と話したい」などが多く、親たちの切実な気持ちが伝わってきました。参加した感想では、「良くなかった」に丸をつけていたのは一人でしたが、「急に泣き出す人がいたりしてびっくりした。私には重すぎる会だった」と書かれていました。この親は、どちらかというとグレーゾーンに入る方でしたので、このグループ・ケア活動はあまり適切な場ではなかったのかもしれません。参加は一回で途切れてしまいました。また、八回という回数については、「もう少し続いてくれたらいいと思うくらいが、ちょうどいいのかもしれない」との記述があり、おおむねこの隔週で四カ月間という期間は好評でした。スタッフへの要望としては、「二週間しかたっていないのに『この頃どうですか』と保健師から聞かれることがいやだった」という意見があり、スタッフの声のかけ方などについて反省させられました。また、「市の保健師さんがグループの便りをもってきてくれた。話を聞いてほしいときがあるのでうれしい」と、身近な市町保健師の来訪をプラスに感じている意見が多く、保健師のこまめな家庭訪問や電話が大切な役割を果たしていることが、あらためて明らかになりました。

3 考察

(1) 親グループについて

ファシリテーターは保健師と心理判定員の二名であたり、おおむね保健師が進行役、心理がフォローの役をとりました。こうした役割分担は、違った視点から互いを補い合うことができ、効果的だったと思います。ファシリテーターとしてまず考えたことは、メンバーに安心できる場を保証することでした。そのためルールの設定を行い、メンバー全員を尊重するようにし、視線や表情で一人一人が大切な人であることを伝えるように心がけました。そして、どんなことでも、まず親の話を傾聴するようにしました。話し合いに入れない人やフォローが必要だと思われる人に対しては、特に配慮しました。ファシリテーターがメンバーを尊重する態度は、メンバー自身が自分や他者を大切にするモデルになったと思われます。

グループ・ケア活動を実施してみると、親たちは、子育てが自分の評価軸になっていると感じ、完璧な育児を目指している人が多いことに驚かされました。また、「自分だけがこんなに大変なことを背負わされて」と孤立感や閉塞感を抱き、子どもに対しイライラ感を募らせていることがわかりました。こうした親たちが、本音で子育てのつらさを話せてほっとできる場を与えられ、「悩んでいるのは自分一人じゃない」と気づいていく過程を目の当たりにすることができました。親自身は、この過程を経ることで気持ちに余裕をもつことができ、次第に安定していきました。後半の回では「この頃、子どもを叩かなくなった」「兄弟げんかは我慢できずいつも怒っていたが、最近は見守れるようになった」などの発言が親から聞かれました。最終回に実施したアンケートには、このグループへ参加することで気持ちが楽になったという記述が多く書かれていました。

また、スーパーバイザーとして児相の精神科医が参加し、グループの流れや各ケースについて助言しました。メンバーの人数が初回は多かったのに二回目から減少した点については、「参加人数にこだわることはないが、もう少し継続者を増やすことをねらうのなら、初回にスタッフが介入し『少しずつ話していきましょう』とする方法もあるのではないか」という意見でした。そのほかに、精神科受診が必要と思われるケースは、保健所で行われている精神保健相談へとつなげることができました。

（2）子どもグループについて

子どもに対しては、あらかじめ保健師・心理判定員・家庭相談員で個別の担当者を決め、なるべく一人一人の子どものペースに合わせながら関わるように心がけました。八回のセッションの間に、それぞれの子どもに変化がありました。子どもグループの様子は、毎回母子分離の終了後にそれぞれの子ども担当者から親へ伝え、連絡ノートにも記載しました。子どもの変化は、親にとってすべてよいわけではなく、聞き分けがよかった子どもが自己主張を始めるようになったり、親とすんなり別れられていた子どもが分離に抵抗を示すようになるということがみられました。そのつど、子どもの変化について情緒的な発達面から親へ説明し、親が子どもの変化を肯定的に受けとめられるようにサポートしました。

（3）不適切な養育の親への理解とフォロー

育児困難という同じ様相の悩みをもつ親ですから、重い話題になることが少なくなく、どうしても自分の内面的なことに向き合うことになります。過去について振り返る作業が行われ、それらを言語化することで、以前より自分の中ではっきりしてくることも出てきます。話しながら泣き出してしまう親、途中まで話したあと急に黙ってしまう親、どのメンバーも真剣に自分と向き合おうとしていました。こうした内省的自己といわれているものを育むためのアプローチの一つとして、今回のグループ・ケア活動を位置づけることができます。虐待イエローゾーンの親への支援のポイントは、それぞれの親に内在する健全な自己修復力を引き出していくことであると実感しました。

しかし、こういったプロセスにおいては、一時的にうつ的な状態に陥ったり、家事が進まないなど、現実検討能力が落ちたりするといわれています。虐待傾向の親へのグループ・ケア活動が内包している、このような不可避的とも思われる危険性について、スタッフ側は自覚しそのフォロー体制を考えておく必要があることがわかりました。

カンファレンスでは、親の状態を話題にしながら、市町保健センターなどのケース担当者へフォローのための個別対応や訪問をそのつど依頼しました。

また、グループ・ケア活動は、不適切な養育の親とその子どもを理解する上で、スタッフにとって大変貴重な場でした。それぞれの親は、「どうしても子どもが好きになれない」「叩くのが止まらないときは私が風呂場にこもるようにしている」など、子育てについて悩み、何とか切り抜けようともがいている状況を切々と語りました。

児相では、子どもが危険な状態で親子分離が必要と思われるレッドゾーンの虐待ケースに関わる機会が多く、虐待に至る親の気持ちをじっくりと聞く機会が思いのほか少ないのが現状です。援助する側は、頭ではいろいろな要因から子育てが難しくなることがわかっているつもりでも、親たちのおかれている状況や気持ちを果たして実感できているのでしょうか。グループの場は、子どもを叩いてしまうイエローゾーンの親の、子育てをめぐって悩んでいる生の声を聞く場であり、児相で扱うレッドゾーンの親との連続性について考えさせられる貴重な機会となりました。

さらに、カンファレンスにおいては、多職種で観察するということが、親や子どもの多面的理解につながることを実感しました。

親へのグループ・ケア活動は、これだけで完結するものではありません。八回で一旦終了となったケースを地域に返し、引き続き身近なところでフォローされていくことが必要です。各ケースをどのようにフォローしていくのかについては、事後報告会で市町の保健や福祉の機関と話し合いました。市が開催しているグレーゾーンの親を対象とするグループへの参加や担当保健師の家庭訪問などを実施していくケース、子どもの保育所入所を勧めていくケース、児相のケースワーカーが主導で関わっていくケースなど、グループ・ケア活動後の方針を決めながら、各機関の役割を明確にしていきました。

四　心理臨床の実践における連携のポイント

1　連携と専門性

先の「児童相談所運営指針」では、児相に「地域住民に浸透した機関であること」を求めていますが、特に連携のパートナーである他機関や他職種に対し、児相の機能や役割が理解され、浸透していることが重要です。児相の機能だけでなく「こういう限界がある」ということも含めて関係機関に理解され浸透していなくては、連携は難しいと思われます。児相の専門性に基づく機能と役割や限界などが理解されてはじめて、効果的な連携が期待できます。こうしたことは、具体的なケースを通して処遇方針を示しながら、機関としての性質や専門性の所在、機能領域を関係機関に理解していってもらうことでしか達成できないと思われます。そういう臨床における日々の積み重ねを基礎として実現可能となるのが、関係機関への浸透であり連携ではないでしょうか。ですから、児相の三つの基本条件である「専門性」と「浸透性」、そして「連携」は、相互に深く関連し全体性を成していると理解できます。

ところで、専門性というものは、一般的に「高さ」と「狭さ」という相反する二つの側面をもっているといわれます。この専門性のもつ二側面ゆえに、機関や職種で立場を異にする者同士の連携およびネットワークに困難が伴うことになります。つまり、専門性の「高さ」がなければ連携は効果的には行えないわけですが、連携はその専門性の「狭さ」という特性によって困難にもなるといえます。

今回のグループ・ケア活動において、当初保健師からは「虐待ケースは児相が扱うケースであり、自分たちの領域とは異なるように感じる」「私の町には虐待ケースはないと思う」などの意見が聞かれました。しかし、事前学習会から始まったこの事業のプロセスを通して、次第に市町保健師たちは「自分たちがいつも会っている親たちが対象であり、日常業務として行っている家庭訪問や乳幼児健診での相談そのものが虐待防止として機能するのだ」と、視点を変えていきました。また、グループ・ケア活動のスタッフの一員だった県保健師からは「これは、私たち保健師がやらなければいけない仕事だとわかった」という発言がありました。こうしたことの背景には、母子保健という専門性によって、このグループ・ケア活動を捉え直すことが行われていったのだと思われます。

藤田[2]は、「機関連携とは『専門性を軸とする役割分担』と、それぞれの専門性を用いた『ケースの総合的理解と共有化』のプロセスとして捉えられる」と述べました。今回の実践では、このプロセスの前提として、各機関や職種のもつ独自の専門性で事態を捉え直す作業が必須であることに、気づかされました。

2　相互に作用し合うシステム

乳幼児健診で遅れを指摘され途方にくれている親や、子育て不安の強い親、そして子どもを叩いてしまっていると涙ながらに訴える親など、乳幼児期の子育てをめぐるいろいろな問題に対して、どうしたら関係機関が充分に親たちを支えていくことができるのでしょうか。親を支えることが、子どもの成長・発達を保証し促進していくための重要なポイントとなります。

心理判定員として、虐待された子どもに面接する機会がありますが、心身ともに傷ついた状態の子どもを前にして思うことは、「親子分離が必要な今の事態になる前に、何か打つ手はなかったのだろうか」ということです。子どもの様相が深刻であればあるほど、援助機関の一員としての反省や悔しさの入り混じった感情がわいてきます。児相で出会う虐待ケースは、早急に保護が必要であったり、親と援助者側が対立関係になるレッドゾーンのケースがほとんどです。レッドゾーンに発展する前に、もっと早期に何らかの予防的支援を展開していくことが、どうしても必要です。

各機関には特性と限界があり、主な役割が異なっていることは明らかです。地域の身近な市町村の機関と、より専門的な県の機関とが、適切な役割分担をしながら機能できるように考えることが大切です。例えば、静岡県には四つの児相、九つの健康福祉センター、七十三の市町村があります。乳幼児期のケースにおいて、児相、健康福祉センター、市町村保健センターのそれぞれの主な対象と役割は自ずと異なっています。そこで、重要な点は、こうした各機関が相互に作用し合う支援システムを考えていくことだと思われます。各機関が、ある部分で独自の支援をしていくだけでなく、全体の中でそれぞれの機能と役割を明確に位置づけながら、相互に作用し合ったり重なる部分をもちながら、全体として質の高い重層的な支援体系となることが必要ではないでしょうか。こうした支援システムがないと、子どもの問題への効果的な予防対策や早期対応は不可能となり、埋もれてしまうケースや途中で途切れてしまうケースなどが多くなります。

こうしたことは、虐待対策に限らず、発達障害や行為障害・非行などのあらゆる子どもの問題にあてはまります。乳幼児期に早期に気づかれ、適切な対応がなされていくことこそが、子どもの健全な成長・発達を保証することにつながると考えられます。

三で述べた子ども虐待予防教室の特徴は、児相と健康福祉センターと市町保健センターという、福祉と保健における県と市町のレベルの機関連携により支援システムの形成を目指したものです。

ここで、改めて虐待への取り組みを考えると、図5のようになります。児相は、イエローゾーンを含むレッドゾーンの虐待ケースが主であり、同時にイエローゾ

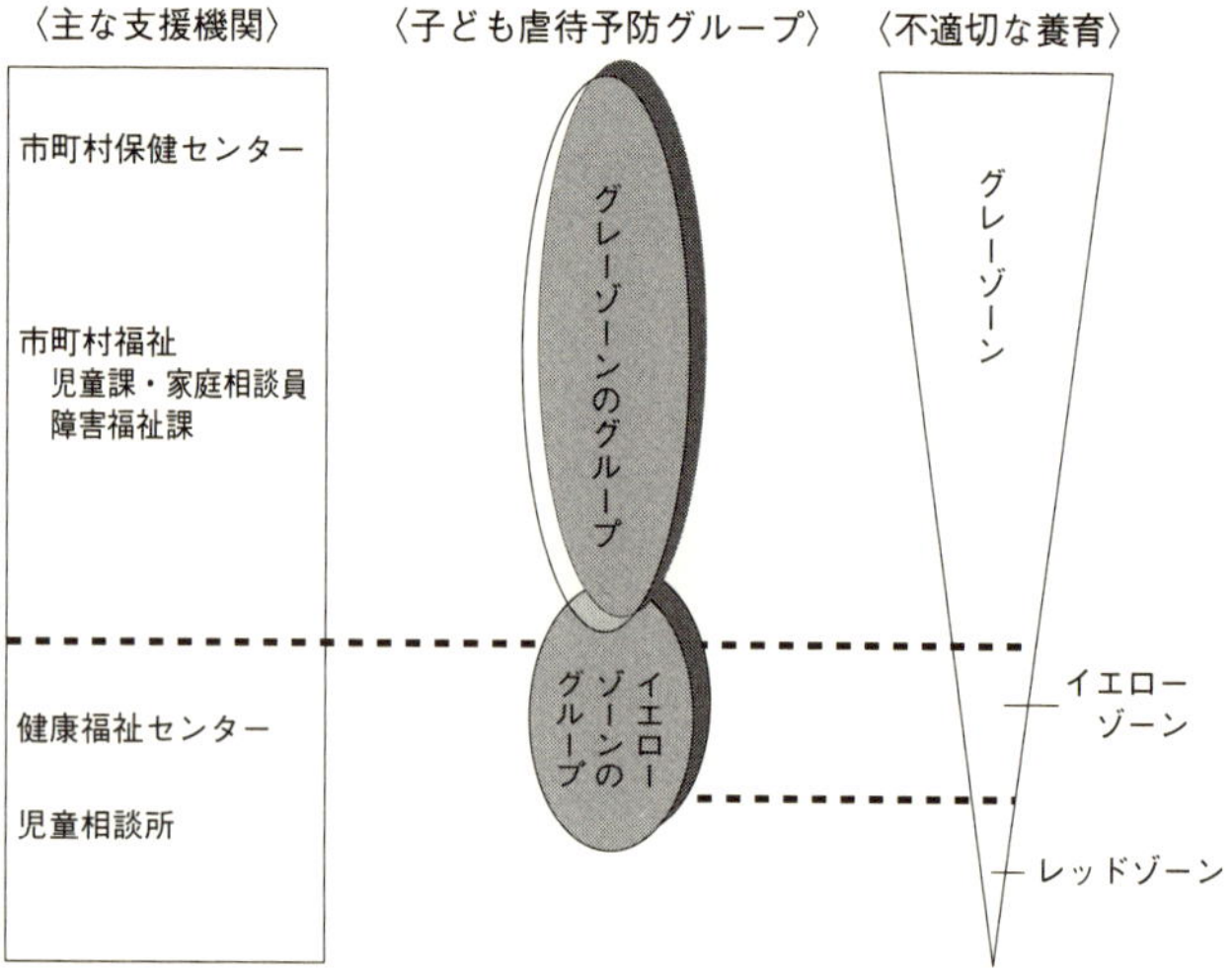

図5　市町村と県の機関による重層的支援

ーンの対応への支援といった役割も担います。健康福祉センターはイエローゾーンへの対応を中心に二次予防（早期対応）として今回のようなグループ・ケア活動を行います。同時にグレーゾーンに対する市町村の支援をバックアップします。市町村保健センターは、乳幼児健診での発見や育児に何らかの困難を感じているグレーゾーンの親への対応を行いながら、一次予防（発生予防）としてのグループを開催していきます。こうした、相互に作用し合う重層的な支援システムが形成されれば、地域における虐待への予防対策として大変効果的であると考えられます。

今回のようなイエローゾーンの親のグループを開催する場合、グレーゾーンのグループを把握していないと対象者が拾えません。ですから、対象は市町保健センターの援助困難ケースとし、市町保健センターへの専門的支援を役割とする健康福祉センターとの共催を考えました。事業を始めるにあたり、保健師らと子ども虐待への共通認識をもち、問題意識の共有化を図ることが必要であると考え、事前学習会とケース選定会に力を入れました。特に、ケース選定会は、虐待ケースの検討会として機能し、市町保健センターや福祉、健康福祉センター、児相の各機関が一堂に会して行うことで、不適切な養育のケースへの対応とグループ・ケア活動への理解を深めていくことができました。また、毎回のグループ・ケア活動後のカンファレンスには、参加メンバーのケース担当である市町保健師が参加しました。

各機関の特性を考慮し「対象を明確にした効果的支援は何か」を考えながら、役割分担をし、さらに支援のシステム化を図っていくことは、地域の子育て支援において今後ますます重要になってくると思われます。

3　行政機関およびその心理職の役割

児相は、都道府県と政令指定都市によって設置と運営がされている行政の相談機関の一つです。そうした行政機関の心理職として、その役割や任務について考えてみたいと思います。

この職についたばかりの頃は、来談者との契約が曖昧で、臨床的な枠というよりも行政としての枠が強調されることへの抵抗感や、数年のサイクルの異動があるなどのいくつかの点において、行政職の心理としての制限性やマイナス面を多く感じていました。

しかし、乳幼児精密健診や発達障害児の療育グループの仕事を保健師らと取り組んだ頃から、少しずつ自分の感じ方が変化していきました。発達障害が疑われる子どもの親や育児困難に陥っている親に面接しながら、子どもの発達を促すためには親子のメンタルヘルスがいかに大切なものであるかと考えるようになり、保健師らと話し合いを重ね、いろいろな試みを実行しました。そうした臨床的な実践を他職種や他機関と行っていく過程で、行政機関の心理職として役立つことがあること、児相の心理判定員でなくてはできない分野もあることを、子どもと親、保健師らに気づかせてもらった気がします。

乳幼児精密健診や事後指導においては、子どもの障害の指摘や診断を親に伝えるだけでなく、その後の子どもの療育に関わる部分を他機関と児相がどうやって連携し、創り上げていくのかが大切です。親自身が子育てに前向きになり、その子なりの発達を受け入れていくためには、親子への継続した専門的指導が不可欠であり、それが健診の追跡システムとして地域で機能している必要があります。前述したように、各機関が自分の専門性に立った役割を自覚し遂行していくことはもちろんのこと、それぞれの機関がばらばらに動くのではなく、他機関の機能や役割をも把握し分担していくことが大切だと考えます。その結果、はじめて各機関が連携しながら全体的に一つの支援システムを形成していくことができるわけですが、こうしたシステム形成に関しては、行政機関が最も携わりやすい立場にあります。

さらに、三で述べた子ども虐待予防教室のように、臨床的実践から必要だと感じることを「事業」として新しく企画し、他機関と連携しながらシステムとしての支援体制を構築していくといったことは、行政機関に所属する心理職の大事な役割の一つです。そして、事業や企画に対して、専門性に根ざした意見を反映させ臨床的視点を注入することは、そうした事業などの質を高め、より役立つものにすることが可能になります。

以上のように児相心理職の役割の一つとして、行政機関としての特徴を生かしながら専門性を発揮し、他機関と連携しながら戦略を立て、要支援ケースおよびその親の子育てを支援するシステムを整備するなど、ある程度広域的で多くの機関が作用し合う社会的支援体制を整えていくことが考えられます。個別的なケースや事態について、臨床的な援助を展開するだけにとどまらず、他機関と協働しながら地域のネットワークを形成し、支援システム作りへと発展させていくことが重要です。

柏女[3]は、児童福祉行政に対する心理臨床の貢献として、臨床的福祉だけでなく制度的福祉における役割をあげ、「児童福祉制度の構築や改善に、いかに心理臨床や臨床心理学の知見を生かしていくかという課題がある」と述べています。心理臨床家の役割として、臨床心理学や発達心理学の知見を生かしながら、日々の仕事において来談者のニーズに応える制度や企画の必要性を社会や行政に提言し、他領域や他職種との連携によって実現していくことは、今後ますます重要になってくるでしょう。我々は、こうしたコーディネーター的な役割をもっと意識して、心理臨床の知見を社会へ役立てていく必要があると思われます。

五　おわりに

児童福祉と母子保健の連携について、子ども虐待予防教室という親へのグループ・ケア活動の実践を通して考えてきました。振り返ってみれば、筆者はクライエントのニーズに教えられ、その実現に向けて仲間に呼びかけ、連携をとって励まし合いながら手探りでやってきました。我々の実践は緒についたばかりですが、県内の他の児相や健康福祉センターそして市町村へと確実に広がりをみせています。

さまざまな領域で臨床に携わっている多くの皆さん方が他機関や他職種との連携を行う際に、我々の実践が参考になれば幸いです。そして、心理職の専門性と可能性が今後さらに広がることを期待して、論を終えたいと思います。

引用文献

(1) 安部計彦「乳幼児虐待に対する予防的介入のあり方に関する研究」『平成十二年度厚生科学研究「乳幼児期の虐待防止および育児不安の母親の支援を目的とした母子保健に関する研究」』(主任研究者・本間博彰)、二〇〇一
(2) 藤田美枝子他「連携と児童相談所」『静岡県児童相談紀要』二六、一九九五
(3) 柏女霊峰「行政と臨床心理学」『社会臨床心理学』東京大学出版会、二〇〇二
(4) 村瀬 修「児相における児童虐待ケースの援助と課題(第五報)」第四十二回日本児童青年精神医学会総会口頭発表、二〇〇一

（5）大阪児童虐待研究会「大阪の乳幼児虐待—被虐待児の予防・早期発見・援助に関する調査報告—」、一九九三

（静岡県中央児童相談所　藤田美枝子）

第Ⅳ章　保育者との連携

一　はじめに

最近、子どもをめぐる問題が大きくクローズアップされています。従来は学校教育のあり方を追求する風潮がマスコミにも多かったようですが、次第にもっと発達的に早期の、幼児期の育ちについて目が向けられるようになってきました。そして、子どもたちの抱える問題が複雑になってくればくるほど、臨床心理学領域との連携が必要となってきます。

この章ではまず、連携を行う相手である、幼稚園・保育所で勤務する保育者の特性について概観しておきたいと思います。そして、筆者が保育の現場を中心として地域への援助を行った活動を紹介し、保育活動にどのように臨床心理士が関わることが望まれるのかについて考察しようと思います。

二　保育者養成の現状

1　保育者養成教育の内容

保育者養成教育では、文部科学省と厚生労働省の養成教育の枠組みに添ってカリキュラムを構成し、教育を実践しています。そこでは、かなりの科目数と時間数が要求されており、過密なスケジュールで学習をこなしているのが現状です。その内容は、教育・保育の原理、発達心理学や小児保健、社会福祉などもありますが、子どもに何を提供するのかといった保育内容と指導法および指導技能としてのピアノ・美術・体育などが多くを占めています。

そういった中で、臨床心理学的な内容の学習はわずか二～三科目で、概論的なものがほとんどとなっています。ただ、カウンセリング的な関わりの基礎学習は、親と関わる上にも必要という認識はされてきています。

いずれにしても、養成校で学んでいるときは、子どもを知るところから始めて間もない段階ですから、深い理解はあまり期待できません。むしろ現場へ出てから実践を通してなされていく部分が大きいようです。

2　保育者の気質的特性

アイデンティティの獲得の視点からみると、保育を目指す学生の多くは、「早期完了」であることが多いようです。つまり、「小さい頃からなりたかった」ということが多いということです。青年期的課題として自己をふり返りながら自らの適性を考え、悩むという危機を経験せずにひたすら「なりたい」と進んできたわけです。そのひたすらさは、現場へ出ても、「いい」と思ったことや納得がいったことには一所懸命取り組むといった基本的行動様式にも現れていると思います。

また、一部には自分自身が保育的なケアをされたい欲求をもちながら、すりかえて自分が保育者になりたいとする場合もあります。こういった場合は、子どもを客体化できず、自らの感情が整理できずに子どもと関わる可能性があり、困難がみられることも少なくありません。

保育者を目指す学生を全般的にみると、まじめで素直な特性をもっていることが多く、そのために〝いいところ〟をみることは上手なのですが、陰の部分をみることや否定的な評価を行うことは無意識にも避けたがる傾向があります。反対に義憤を強くもって一面的に特定の人に怒りを向けていることもしばしばみることができます。

こういった率直さを理解した上で連携を行うことが肝要と思われます。

3　保育現場の今日的課題

ここで、保育現場そのものが現在直面している課題をみてみましょう。

（1）乳児保育

現在の保育現場、特に保育所の直面している課題の中に、乳児の希望者の増加があげられます。人手のかかる乳児は、部屋の問題や職員数の問題なども絡んで、たくさん入所させることが困難な状況もみられます。この問題は各市町村も努力目標として取り組んでいるのですが、なかなか解決できない現状が続いています。

また、従来の子どもの発達についての理論は、幼児期に焦点が当てられていた側面があります。特に認識の発達や情緒発達については、乳児期は「重要である」としながらも、具体的な知見は幼児期に比べて少ないといえるでしょう。

（2）保育ニーズの多様化

また、幼稚園でも保育所でも、利用者からのニーズとして、保育時間の延長があがってきています。共働きの家庭や父子家庭、母子家庭などの事情もあって、親の仕事が終わるまでなるべく長く幼稚園や保育所で子どもを預かってほしいというわけです。

この問題についても、乳児保育の問題と同じように職員の就業時間の問題と絡んで、難しい問題を含んでいます。また、運営的な問題だけではなく、親と過ごす時間が少ない子どもが増加していることについても、そのケアの面での工夫を迫られていることも見過ごすことができません。

また、「特別保育事業」と称して、毎日ではなく通園してくるようなケースや、駅型保育といった新しい形態の保育へのニーズも高まっています。

多様化した保育の現場では、従来の保育方針のみではその対応が困難な場合も出てくることでしょう。

（3）障害児などの受け入れ

従来より、通常の幼稚園や保育所で障害児を受け入れることについて努力が払われてきていますが、平成十二年の幼稚園教育要領と保育所保育指針の改訂では、より重要な課題として扱われています。この問題については、個々の幼稚園・保育所、そして市町村などでそのあり方を探るなどの検討が重ねられてきていて、ある程度の知見の蓄積をみることができます。

しかし、障害のアセスメントや鑑別しにくいケースなどについては、保育者の専門性からいって困難な課題といえます。したがって、この課題は家庭と専門機関との連携が必要となる領域と考えられます。また、障害児保育ないしは統合保育が試みられた当初は、自閉症などの発達障害がその中心的対象でしたが、その発達障害でも軽度から中度へ、そして代謝障害や染色体疾患、慢性の身体疾患なども含めて、さまざまな問題を抱えた子どもが入園する場合も増えているようです。こういった子どもたちの保育についてはまだ手探りの状態といえるでしょう。また、乳児保育が増加していることに伴って、保育所では、乳児の段階で入所している子どもが障害児であることが徐々にはっきりとしてくるケースもしばしばみられます。

また、障害とはいえないまでも、その子どもについての理解が難しい場合も少なくありません。

現場の保育者と話す機会があると、「障害児についてはある程度予測もつくし、対応についても経験が蓄積してきているが、むしろ、はっきりとした障害児ではない子どもに苦労している」といったコメントが聞かれることがあります。彼らの示す姿は、表情が乏しい、積極的に関わらない、ボーっとしている、ちょっとしたことで泣いてパニック様になってしまう、など多岐にわたりますが、いずれにしても従来の関わり方ではうまく保育できないし、保育者がどう捉えてよいのかわからないといった悩みをもつことが多いようです。

このように、さまざまな特徴をもった子どもを保育することが求められるようになってきて、保育者もより広い知識と技能、そしてよりいっそう敏感に子どものサインを受け止める能力が要求されているといえます。

（4）親への援助

保育士資格が国家資格となって、その業務について改めて明確に定義されましたが、そこには子どもの保育以外に親への指導も含まれています。最近の子どもをめぐる事情には、虐待や子育て不安など親の問題といえる問題も大きなテーマとなっています。

筆者ら[1,3-8]が指摘してきた「育児困難」のケースもこの中に含まれるものです。通常の親との連携について、保育者は従来から努力してきていますが、知的障害や精神病圏から人格障害の親との関わりや、子育て不安への援助、そして独善的で自己中心的といった社会常識を逸脱した親などとの関わりについては、一つ一つが戸惑いの連続となります。このような親への援助も保育の大きな課題といえるでしょう。

4　養成機関の機能とリカレント教育

このように直面する課題が増加してきている現状では、養成機関を修了して保育者になったとしても、次々と変化していく保育現場の課題に対しては対応しきれない側面が出てきます。そこで、必要となるのが現任研修です。

現在、保育士に対しても幼稚園教諭に対しても、それぞれの所管組織などを中心として頻繁に研修が行われています。保育者は日常の保育以外に時間の都合をつけて、場合によっては休日も返上して研修を受けることとなります。しかし、研修を受けたからといって、すぐに現場での方針が明確になって状況が好転するというほど簡単ではありません。こういった研修も継続的に行われることが必要となるでしょう。そして、保育現場と研修の場をより有機的につなぐことが求められると考えられます。

三　保育現場との連携の実践

本節では、筆者が臨床心理士として保育現場と連携してきた実践について紹介します。その実践の中で、1では、保育者から相談を受け、コンサルテーションを行ったものを提示します。2では、現任研修の形で行った実践を示します。

1　コンサルテーションの実践

(1) 事　例

【事例1】Ａ　三歳男児

Ａは保育園入園当時、言葉は単語程度でひとり遊びが多く、他児の中に入れない状態でした。彼は二歳で入園していますが、保育園が当初から自閉症を疑い、保健師を通じて専門機関にかかるように指導していました。専門機関ではやはり自閉症といわれたとのことでした。

しかし、Ａの言葉や行動は入園してからみるみる変化していきました。その後、母親は専門機関を訪れていません。担任保育士はＡが自閉症ということで、働きかけが消極的になってしまい、また、そういう自分の保育についても迷いをもっていました。母親に相談しようとしても、自営業が忙しく、思うにまかせない状態でした。

筆者がAに会ってみると、言葉の遅れは否めないし、時として集団行動からはずれてしまう傾向が観察されました。しかしそのはずれ方は、行動の速度に起因する部分が大きいように思われました。そして何よりも、対人関係の情緒的関心があまり阻害されている印象がないのです。つまり、中核的な自閉症とは異なる臨床像なのです。

Aの家庭は自営業で母親も家業を手伝っており、小学生の兄、二歳上の姉との三人兄弟で、誕生前後に商売が危機的状況であったこともあり、あまり母親から関わってもらえずに成長したことが、筆者の勧めによって行われた担任による母親面接からわかりました。

生来おとなしいAは、関わってもらえない状況に対して泣いたりして主張することもなく、受け身で消極的に生活していたようです。若干の知的な遅れもあったのでしょうが、このような状況下では、一見自閉症と思われる症状がみられることがしばしばあります。

母性剥奪症候群と呼ばれる一群は、誕生後まもなくからの情緒的交流を通した育児環境が得られない場合にみられる一連の発達的な遅れを示します。言葉の遅れや対人関係に無関心であったり、時として自閉症様のこだわりや奇妙なしぐさもみられたりすることがあります。その時点で自閉症と鑑別することは困難なことが多いのですが、集団生活などの刺激の多い環境の中で、自閉症とは格段の変化をみせることが多いようです。そして、これらは必ずしも物理的な養育者との別離などばかりでなく、母親が特別母性に欠けていなくても、通常の家庭環境の中でもAの場合のように起こりうることなのです。

こういった子どもたちに対しては、なるべく刺激を豊富にして積極的に働きかけていくことが重要で、母親に対しての家庭での関わりなどの指導も必要となります。

この事例では、Aが自閉症といわれて、保育士が対応に困っていたところから筆者との関わりが始まっています。保育園が当初の段階で自閉症を疑ったことは無理からぬこととといえるでしょう。しかし、問題は確定的に「自閉症」と診断した専門機関の関わりです。このケースの専門機関は公的機関ですが、にもかかわらず、診断を告げただけで対応について保育所と連携をとっていませんでした。したがって、子どもの変化についてもフォローアップが行われず、よけいに保育士を混乱させてしまいました。

このケースでは、筆者が保育士と数回にわたり、Aに対して保育所として関わるべき内容について具体的に詰めていきました。そして、四歳児クラスになる頃には、集団での活動は生き生きとして、できることも拡がっていきました。母親に対しても保育士からなるべく具体的に家庭で心がけてほしいことを伝えていったところ、子どもの変化が手応えになったこともあってか、積極的に関わってくれるようになったとのことでした。

【事例2】　B　五歳女児

Bは身体発育も早く、長女でしっかり者という周囲からの評価が高い子です。担任の指示もよく守り、申し分のない子として扱われてきました。しかし反対に、決められた行動を他児がとらなかったり、予定が変更になったりすると混乱を示すといった、柔軟性のないところがみられました。最も顕著に気づかれたのは、発表会の練習中に他児がふざけてしまってまとまらない場面で突然泣き出してしまったときです。しっかり者と思っていたBの突然の反応に担任は驚いたということです。

Bの絵をみると、いずれもきちんとした絵で、丁寧に細部まで描き込んであることが目につきます。また、家庭でも予定を何度も確認し、寝る前にきちんと翌日の用意をしてからでなければ床につけないといった面がみられるといいます。

こういった行動は強迫行動と思われます。強迫行動は弱い場合は社会適応的にみえ、肯定的な評価を得ることが多いのですが、過度になると、Bのように柔軟な適応がしにくくなってしまいます。強迫の源は自己に対する不安といわれますが、Bの場合も内的には不安が強い子どもと考えることができます。

このように一見問題がないようにみえていても、その内実は大きな不安を抱えていることがしばしばみられます。知的に高いBはその不安を直接的に表すことなく、強迫的になることで抑圧しようとしたのでしょう。しかし、実はそのサインはすでに「しっかり者」という形で表されていますし、そのほかの強迫的な行動はよりわかりやすいサインです。「きちんとした子」「ちょっと神経質」程度のサインだとつい見過ごしてしまうし、周りからの肯定的評価はかえってその特性に拍車をかけることになる場合もあります。

Bに対しては、長女として、また、しっかり者としての役割からの解放と、不安を示しているときの丁寧な対応が望まれます。つまり、Bの弱い部分に対しての充分な配慮と受容的対応が重要といえるでしょう。

このケースは、「しっかりした子」としてみていたBが示した、思いもよらない反応に保育士が戸惑ったところに端を発しています。そして、障害児の保育についてのコンサルテーションに訪れていた筆者に、保育士から相談がもちかけられました。保育士はBの心理的な問題についてすぐに理解し、保育所での対応も変えていきました。しかし、家庭に対してその理解を求める段階で、なかなか苦労したようです。Bが家庭内で担う役割としての「しっかりした長女」を変えていくことは、家族全体の構造を変化させることでもあり、母親一人の努力では困難であったと考えられます。そこで、保育士は父親も保育所に来てもらって、園長も交えて懇談の機会をもったそうです。その頃から徐々にBの様子が変化し、もともと能力の高いBは友達と元気に活動する姿が多くなっていきました。

【事例3】 C　四歳女児

Cは、三歳から幼稚園に入園してきました。三歳クラスのときも友達とよくトラブルを起こしていたそうですが、四歳になって他児から拒否されるような関係になり、担任も困ったようです。トラブルは、おもちゃの取り合いや遊びの進め方の意見が違ったりすることが多いとのことです。思いどおりにならないと、他児をたたいたり、ひっくり返って泣きわめくといった行動をとってしまい、しばらくは手がつけられない状態になります。この状態について担任から母親に伝えたところ、「家ではいい子で考えられない」とのことでした。園長や主任も入って話し合いをした結果、「一度専門機関に診てもらう」ということになり、以前にも園児のことで関わりをもったことのある筆者のもとを訪れました。

心理相談室で母親同席での面接中のCは、おとなしくおもちゃを遠慮がちにさわる姿をみせていました。しかし、数回にわたって一対一で行った遊戯療法の場面では、ゲームで負けたり思うようにおもちゃが動かないとイライラした様子をみせ、おもちゃを投げ出すといった乱暴な行動がみられました。筆者との関わりでも、筆者がCの望むような反応をしたときは甘えたような態度を示すものの、意に添わないときは、無視をするか怒った表情でにらむといった反応を示しました。

母親とも個別に面接を行いましたが、「幼稚園の対応が悪い」「どうしてこんなところに来なければならないのか」といった不満を強い調子で述べることが多く、C自身の問題について考えようとはしませんでした。筆者が遊戯療法中の様子を話し、Cの行動に目を向けるようにうながしていくと、「わが家の教育方針は、のびのびと育てること。多少のことは関係ない」「まわりの子が悪い」という調子でした。しかし、母親自身の子育ての大変さについて共感的態度を示したところ、泣きながら今までの育児のことを語りました。その内容は、以下のようなものでした。

「Cは夜泣きが激しく、夫の実家に連れていったときに姑から『母親の育て方が悪い。それは母親の育ちが悪いからだ』と言われ、それ以来『絶対にそんなことは言わせない』と意地になって育ててきた。人から〝後ろ指〟を指されないように、厳しくしつけてきた。本当はかわいそうだと思うことがあっても、絶対に母親の言うことを聞かせようとして、従わないときは体罰も行ってきた。Cが母親の顔色をうかがっているように感じるとよけいにイライラして、より厳しく扱ってきた。幼稚園でいろいろトラブルを起こしたことが担任から報告されると、その日はいちだんと厳しく叱ったものの、問題が治まらずどうしてよいのかわからなくなったが、人にそれを知られるのがいちばん怖い。自分が責められる気がする。夫は自分がこんなに苦労しているのに、全く気がつかないし、言えば姑に伝わる気がするから相談できない」

この回の終わりに筆者は、Cの問題を扱う母親面接から、母親自身の面接を行うように方針の変更を提案し、その経緯について幼稚園にも報告することの了承を得ました。幼稚園には、治療方針の説明とともに、Cの問題が今までの育ちの中で育まれたものと考えられることを伝え、子ども同士の関わりに任せるのではなく、担任とのより強い信頼関係を形成することから始めることが重要であろうと所見を述べました。

遊戯療法で徐々に穏やかに反応することができるようになったCは、幼稚園でも担任に年少児のように甘える行動をみせることが多くなり、行動も少しずつ変容していきました。その変化と並行して、母親は落ち着いて自分の気持ちを素直に表現するようになっていきました。

このケースでは、一年半にわたり定期的に幼稚園と連絡をとりながら、その変化を確認して進めていきました。その間担任は変わらずに関わってくれましたが、後半では担任から離れても他児とトラブルなく遊ぶことができるようになっていき、自然な笑顔をみせるようになりました。

Cは障害児ではありませんが、行動の理解がしにくく、当初は家庭の協力も得られない状態でした。筆者のところへ訪れたときも、母親は頑な態度でしたが、その背景にある母親の悩みが語られたことから、徐々に好転をみせていったわけです。幼稚園と母親がずっと平行線で対峙していたら、母親のかかえる大変さはよりエスカレートしていってしまったかもしれません。

2　現任研修への関わり

ここでは、現任研修に関わった実践を紹介し、臨床心理士としての連携の一つの形としての可能性を探っていこうと思います。

（1）実践紹介

a　卒業生との研究会

筆者が以前に勤めていた短期大学で行ってきた実践です。そこも保育者養成校でしたが、筆者のゼミナールの卒業生を中心として、月に二回を原則として、大学の一部屋を利用してケース検討会を実施していました。

人数は七～十名程度で、保育現場に勤務する卒業生が夜七時から九時頃まで集まり、その日の発表者が自分の担任する子どもの中から「気になる子」について事例発表を行い、そのケースについて筆者も含めて全員で検討を行うといった内容でした。もちろん、筆者が学生として教えたメンバーなので、イニシアティブは筆者がとることになり、臨床心理士としての筆者の意見が中心となる側面がありました。しかし、年々新しいメンバーが入ってくると、すでに二年目、三年目とキャリアを積んだメンバーからもいろいろな意見が出されるようになり、幅が広がっていきました。

提出される子どもについても、当初は障害児がほとんどでしたが、障害児ではないけれども「気になる子」が取り上げられていくようになりました。そういったケースをきいていると、ほかのメンバーも「そういう子なら私のところにもいる。そうか、こういう問題として捉えることができるのか」といった反応が得られ、また、さまざまなケースが提出されるといった発展がみられました。

この研究会で話されることは、ケース検討のみではなく、クローズで行われていたこともあって、メンバーの職場での悩みやそれぞれの園の実情なども話され、よけいにケースについての対応策を考えるときに実践的な判断が可能となりました。

b　名古屋市の統合保育研修

名古屋市では、二十年以上にわたって障害児保育に取り組んできています。その中で筆者が関わった事業について紹介したいと思います。

一つは、障害児を受け入れている保育所への巡回指導です。これは、臨床心理士、児童精神科医などの障害児の専門家がそれぞれ担当園をもち、年に二回保育所を訪れて、子どもの観察、保育者とのコンサルテーション、保護者との面談などを行う制度です。この制度は現任研修というよりも、名古屋市がコンサルテーションのアレンジを制度的に形成して運営しているというほうが妥当かもしれません。ただ、こういった制度を継続的に行ってきたことで、名古屋市の保育者全体の力量の向上につながっていると考えられます。

ただし、現場の保育者からは、巡回指導の担当者によってやり方が違ったり、具体的な内容に踏み込んでもらえないことがあるといった不満もきかれるようです。この問題については、巡回指導の担当者自身の研鑽が必要となると考えられます。単に障害児の専門家というだけではなく、保育活動に対しての認識が必要となるでしょうし、保育者自身へのケアについても充分に配慮することが不可欠といえるでしょう。

名古屋市では、この巡回指導とは別に、「統合保育研修」という研修を行っています。ここでは、十～十五人程度のグループに分かれ、それぞれのテーマに添って一年間討議を重ね、そのまとめとして研究論文の形に仕上げます。テーマとしては「障害児理解」「集団づくり」「保護者との連携」などが取り上げられています。

この研修では、各メンバーがそれぞれ実践記録を持ち寄り、テーマを掘り下げながら討議を重ねていきます。各グループには園長クラスの保育者が一名、「助言者」として毎回参加し指導的役割を果たしますが、そのほかに大学教員で障害児の専門家が「講師」として、二、三回に一度参加し、研究の方向づけや論文指導を行い、批評的役割も果たします。

このように重層的に構成されている研修はあまり多くないように思いますし、一年間ですが、継続的で事例検討的な内容も含み、研究的態度も重視するということで、各メンバーが自分の保育そのものを見つめ直す機会となっているようです。

また、ここでは、自分の園から離れて、いろいろな園の様子や保育の方法をきく機会ともなり、リフレッシュの効果とともに、視野を広げる意義も大きいと考えられます。

c　その他の研修

上記の研修のほかに、各市町村や保育関係の協会などが中心となって、多くの研修会がもたれています。最近では研修も単発で行われるものではなく、初級・中級といった具合に積み上げ的に行われることも少なくないようで、それぞれがさまざまな工夫をして取り組んでいることがうかがわれます。

愛知県では、従来から県立の保育大学校で現任研修と称して、園長クラスと主任クラスに分かれて継続的な研修を行ってきました。平成十四年度からは、保育大学校の閉鎖を機会に、その研修が養成機関で構成する保育者養成協議会へ移管され、担当校の施設を利用して継続されています。ここでは、必ずしも臨床心理学的な内容ばかりではなく、保育全体についての研修が行われるわけですが、現場を離れてじっくりと取り組む意味は大きいと思われます。

また、浜松市の開業精神科クリニックでは、二カ月に一回のペースで地域の保育者を集め、事例検討会を開いています。発表担当になった保育者が自分の担任する子どもの様子を報告し、参加メンバーでグループ討議を行い、事例検討を進めていきます。この研修会に参加しているのは、口コミで広がった保育者と保健師のほか、児童精神科医、臨床心理士、福祉関係者、看護師など多岐にわたり、また、それぞれのキャリアも新任レベルからベテランまでさまざまです。こういったメンバー構成で討議すると、通常の職場での会議とは異なった雰囲気となり、意見も活発になるようです。平日の夜に行われるのですが、参加者は多いときで六十名を超えてしまうことも少なくなく、現場からのニーズが高いことがうかがわれます。

四　保育との連携のあり方と今後の課題

本節では、これまでみてきた二の保育者養成の現状と三の実践をふまえて、臨床心理学実践と保育との連携のあり方を考察し、今後へ向けての課題について検討します。

1　保育者養成の中での臨床心理学の意義

筆者[2]は拙論で、保育と臨床心理学の関連について触れたことがあります。そこでは、保育活動の中で臨床心理学的視点から重要と思われる事柄について述べました。その内容を以下にまとめ直しておきます。

①　発達評価―発達の理論を背景にして子どもの発達レベルをアセスメントすることは、対象の理解の第一歩であるといえます。有用な発達理論はいくつかあるのですが、二でも触れたように、保育者養成の教育では、それらは講義の形で提供され、理論と実践のつながりが希薄になりがちです。より具体的な手法も含めた教育が望まれるところです。

②　障害についての認識―主な子どもの障害についての知識と、障害をどう捉えるのかといった認識をもつことは、子どもの発達援助という観点からも障害児保育に限らず重要なことです。ただし、心理臨床においても同じことがいえますが、保育における子どもの理解とは、障害自体を理解することにとどまるものではありません。子どものかかえる障害を理解しただけでは、その子どもを理解したことにはなりません。

③　子どもの示す行動からサインを読みとる―子どもが示すさまざまな行動には、子どもが自らの状態を表現しているメッセージが含まれています。狭い常識の枠にとらわれて子どもの行動を形式的に評価して対応するだけでは、子どもの内面の動きを理解することは困難です。いわゆる問題行動や障害児の〝症状〟であっても、その背景を理解する態度が重要と考えられます。この構えは極めて臨床心理学的といえるでしょう。

④　自己理解―人と人の間で行われる理解は、理解しようとする人が自分の目を通して判断することが前提となります。そのとき、理解する人にもさまざまな感情が生起するわけですが、その感情を未処理なまま判断を行うと、その結果が歪んでしまう可能性があります。したがって、理解する立場の人は、自分の中にある感情に気づく感性と自己の特性を把握していることが望まれます。この過程は臨床心理学的手法によってなされるものと考えられます。

これらの事項に加えて、保育も対人関係であると考えるならば、クライエント中心療法が指摘するように、相手に対しての積極的関心と共感性、および受容的態度が重要であることを確認しておきたいと思います。心理臨床と同様に、それらの一つでも欠けてしまえば、保育活動は成り立たなくなるといっても過言ではないでしょう。

保育者がこういった特性を求められるとするならば、保育者養成において臨床心理学の果たす役割も大きいと考えられます。

2 保育者の専門性と臨床心理士の専門性

当然のことなのですが、保育者と臨床心理士とでは専門性が異なるということについて改めて検討しておきたいと思います。

端的に臨床心理学の専門家が優秀な保育者になれるのかというと、それは違うといわざるを得ません。逆に、保育者が臨床心理士のように活動すればよいのかというと、それも違うといえるでしょう。もちろん、どちらも人と関わる職業であることに変わりはないので、その意味では重なるところも多いといえます。しかし、保育と心理臨床では目的が異なるわけですから、主たる技法も違ってきます。保育は日常をその場として、子どもの生活の中での成長を助けていくのに対して、心理臨床では非日常の場で関わることを原則としています。そして、保育は集団が基本となり、社会のルールなどの学習も大きな目的の一つですが、心理臨床は個人を対象とすることになります。このように異なる活動ですから、自ずとそこに求められる専門性も異なることになります。保育者となるためには、非常に広い範囲の技能と指導法を学ばなければなりません。これは保育現場で扱う子どもの活動が極めて多岐にわたることからの必然です。通常ほとんどの子どもは、日常の活動を繰り返すことで充分に育つことができるものです。したがって、保育者の専門性は、子どもの生活を広げることに中心がおかれているといえます。

それに対して、臨床心理士の専門性は、日常的な関わりではうまくいかなくなったときにその要因を探り、今までとは異なった問題の捉え方を形成していくことへの援助ということができるでしょう。

近年、臨床心理士の活動する領域も格段に広がってきていますが、だからといって心理臨床の原点を見失うことは、臨床心理士の専門性を見失うことになりかねません。あくまでも、「臨床心理士として何ができるのか」という問いかけのもとに活動を展開していく必要があると思われます。このことは、守旧的に感じられるかもしれませんが、その問いかけなくしては、今まで培ってきた専門性もいずれくずれていき、社会の中で機能を果たさなくなっていくおそれがあると考えられます。

いずれにしても、保育活動に対しては臨床心理学的視点が役立つことに変わりはないのですが、それぞれの専門性が異なることを認識しておく必要があるでしょう。

3　連携の留意点と臨床心理士に求められる資質

専門性が異なるからこそ、連携が必要になるし、また、その効果が期待できるといえます。この項では、連携をするときの留意点を筆者の経験から述べ、連携を行っていくために求められる資質と教育について触れておきます。

第一に、前項とも関連するのですが、まず認識しておかなければならないのは、表に現れてこない裏の部分を含めて、〝こころ〟をとらえる臨床心理学の専門性は、ある意味では、一般的な価値観や捉え方に対してのアンチ・テーゼとして成立しているところがあることです。したがって、臨床心理学の指摘する内容は、一般からはともすれば受け入れることに抵抗が生まれることがあります。その抵抗が当然であることは、それこそ臨床心理学の知見の上では明らかです。

最も危険なのは、抵抗を示す保育者に対して「理解できていない」と批判したり、臨床心理学の知見のみが真実であるかのごとく振りかざしてしまうことです。保育者は議論になれていないし、使う用語も日常的なものがほとんどです。そして、保育者と臨床心理士が接点をもつときは、保育者が困っているときです。困って途方に暮れている保育者に対して、あたかも正解を教えるといった態度で関われば、結果的に意見を押しつけることになってしまいます。保育者の捉えがあり、臨床心理士の捉えがあってはじめて立体的な連携が可能となることを忘れてはなりません。ましてや、自分の理論を正当化することに専心しているようでは、保育者の機能をくずしてしまうことになり

郵便はがき

料金受取人払

杉並南局承認

504

差出有効期間
平成18年4月
1日まで

（切手をお貼りになる必要はございません）

168-8790

（受取人）
東京都杉並区
上高井戸1—2—5

星和書店
愛読者カード係行

書名　心理臨床実践における連携のコツ

★本書についてのご意見・ご感想

★今後どのような出版物を期待されますか

書名　**心理臨床実践における連携のコツ**

★本書を何でお知りになりましたか。

1. 新聞記事・新聞広告（　　　　　　　　　　）新聞
2. 雑誌記事・雑誌広告（雑誌名:　　　　　　　　　　）
3. 小社ホームページ
4. その他インターネット上（サイト名:　　　　　　　　　　）
5. 書店で見て（　　　　　　）市・区・県（　　　　　　）書店
6. 人（　　　　　　）にすすめられて
7. 小社からのご案内物・DM
8. 小社出版物の巻末広告・刊行案内
9. その他（　　　　　　　　　　）

(フリガナ)

お名前　　　　　　　　　　　　　　（　　）歳

ご住所（ a.ご勤務先　　b.ご自宅 ）

〒

電話　　　（　　　　）

e-mail:

電子メールでお知らせ・ご案内を
お送りしてもよろしいでしょうか　　（ a. 良い　　b. 良くない ）

ご専門

所属学会

Book Club PSYCHE会員番号（　　　　　　　　　　）

ご購入先（書店名・インターネットサイト名など）

図書目録をお送りしても
よろしいでしょうか　　（ a. 良い　　b. 良くない ）

かねません。

連携することでお互いがよりよく機能することが最大の目的であるわけですから、相手の存在を大切にする態度が重要なカギを握ると考えられます。「連携してよかった」と思えるように努力するべきでしょう。

次に重要な点は、相手の活動についてよく知ることです。保育者と連携するためには、彼らがどのような活動をしているのか、何を大切に思っているのか、幼稚園や保育所はどのような場所なのか、彼らがどのような教育を受けてきているのか、といった実情についてよく理解しておくことが必要でしょう。その努力を怠ると、机上の空論もしくは理想論に終始した意見しか述べられないことになります。

三の【事例1】と【事例2】や現任研修の関わりについても、保育現場を知っていることが重要といえるでしょう。

次に、逆に臨床心理士のほうからも情報を伝えることが必要です。三の【事例3】では、筆者の関わりについて幼稚園に説明をしています。このことが欠けてしまうと、幼稚園や保育所からは「よくわからないけど、なんかやっている」といった反応が出てきてしまい、そのケースへの関心を削いでしまうことになります。また、連携を始めるときには「臨床心理士は何ができるのか」「何が提供できるのか」といったことについて明確にしておくことで、連携をより円滑に進めることになります。

最後に、連携を行う際には、専門用語を極力避けることが重要です。どうしてもその専門用語でなければ説明ができないとか、キーワードとして重要な機能を果たすというときは、充分に説明をすることが肝腎です。障害名などを告げるときにも同じことがいえます。また、表現も抽象的ではなく、なるべく具体的にするほうがよいでしょう。例えば、「多動の傾向はありますか」と尋ねるよりも、「絵本を読んでいるときにじっとしていないことはありますか」などときくほうが情報が正確に伝わります。

保育者と連携していくためには、こういった点を留意していくことが望まれますが、そのために求められる臨床心理士の資質について述べておきます。

① 広い社会的関心――一般的な価値観などについて否定的にならずに、関心をもつ必要があります。相手の実情への関心も肝要ですし、連携への意欲も不可欠です。

② 社会性――専門家同士の関わりですから、それなりの礼儀を大切にする態度が重要です。また、手紙や電話、訪問などの手続きについても、了解をとるところにはきちんとした形でとるといった常識も社会性に含まれます。

③ 言語能力――相手にわかりやすく伝えるための言語能力です。専門用語を日常語に言い換えられないとすれば、自分自身がその言葉をよく理解していないのかもしれません。敬語なども言

語能力に含めてもよいでしょう。

④　高い専門性―連携は依存し合うのではなく、お互いの専門性を生かし合うことといえます。したがって、お互いが高い専門性をもつことが重要となるでしょう。

4　今後の課題

本章では、保育との連携についてみてきました。連携のコツとしては、ほかの連携と原則的には変わりないと思われます。今後も保育との連携は積極的に行うべきものといえますが、そのためには、臨床心理士養成の中での教育にも組み込んでいくべきではないでしょうか。例えば、臨床実習の一環として、保育所や幼稚園での実習を行ったり、一緒に研修を行うなど、保育者と出会う経験を積んでおくことが重要と考えられます。

また、最後になりますが、保育者からも臨床心理士との連携に積極的に取り組んでほしいところですが、保育者自身はどうしてよいのかわからずにいることが多いようです。したがって、連携することがお互いの領域として常識となるまでは、臨床心理士から働きかけていくことが必要と考えておいたほうがよいように思われます。

引用文献

(1) 川瀬正裕、桜井迪朗、松本真理子、岡本易子、松本英夫「育児の困難な母親への援助(三)」『日本小児保健学会第四十回講演集』一一二―一一三、一九九三
(2) 川瀬正裕「保育における臨床心理学の意義」『浜松短期大学研究論集』四八、一九九四
(3) 川瀬正裕「育児困難事例に対する臨床心理士の役割」『心理臨床研究』一八(五)、四六五―四七五、二〇〇〇
(4) 松本英夫、桜井迪朗、矢野陵子、松本真理子、川瀬正裕、竹内里和、竹内浩視「育児の困難な母親への援助(五)」『日本小児保健学会第四十二回講演集』七一六―七一七、一九九五
(5) 松本真理子、桜井迪朗、川瀬正裕、岡本易子、松本英夫「育児の困難な母親への援助(二)」『日本小児保健学会第四十回講演集』一一〇―一一一、一九九三
(6) 桜井迪朗、松本真理子、川瀬正裕、岡本易子、松本英夫「育児の困難な母親への援助(一)」『日本小児保健学会第四十回講演集』一〇八―一〇九、一九九三
(7) 桜井迪朗、宮西陵子、松本真理子、川瀬正裕、松本英夫「育児の困難な母親への援助(四)―処遇上の問題点について―」『日本小児保健学会第四十一回講演集』三一六―三一七、一九九四
(8) 桜井迪朗、川瀬正裕、松本真理子、松本英夫、矢野陵子、岡本易子「育児の困難な母親への援助の試み」『小児保健研究』五六(五)、六八四―六九〇、一九九七

参考文献

1　蔭山英順、後藤秀爾、神野秀雄、川瀬正裕、西出弓枝、中村鈴子、涌井規子、永田雅子『統合保育の展開―障害の子と育ちあう―』コレール社、東京、二〇〇二
2　川瀬正裕「求められる資質と教育」矢永由里子編『医療のなかの心理臨床』新曜社、二〇〇一
3　栗原和彦「心理臨床家の社会性の問題」『心理臨床』一一(二)、星和書店、一九九八
4　名古屋市民生局児童部保育課『統合保育の現実と理想―名古屋市障害児保育20年誌―』名古屋市、二〇〇〇

（金城学院大学人間科学部　川瀬　正裕）

第V章　精神障害者の社会復帰における連携

一 はじめに

筆者は以前、折衷的心理療法や精神科デイケアの枠組みで精神科クリニックに臨床心理士として勤務していましたが、七年ほど前から静岡県浜松市を中心としたエリアを対象に地域精神保健福祉活動に取り組み始め、援護寮（精神障害者生活訓練施設）・精神障害者地域生活支援センターの施設長を勤め、自分の専門性を統合失調症を中心とする精神障害者の地域生活支援にシフトさせてきました。現在は、大学で精神保健福祉士の教育に携わっています。

本書のタイトルが「心理臨床実践における…」となっていますが、筆者の場合、広義の意味で心理臨床を捉えたいと思います。構造化された枠組みではなく、社会や支援サービス、地域の支援体制と当事者（文中では、主に「メンバー」と表現します）の回復過程や相互関係の中での成長や変化などを合わせて検討し、「より豊かに生きることを目指すこと」や「可能性の発見のプロセス」を広義での心理臨床だと捉えています。

「援護寮・精神障害者地域生活支援センターだんだん」「遠州精神保健福祉をすすめる市民の会（通称E-JAN）」などの地域精神保健福祉活動における筆者の実践が、現在実践活動を行われている方々やこれから地域活動を行おうとされている方々の参考になればと思います。まだ国内には、臨床心理士としての軸足と、精神保健福祉士の軸足とをもって地域精神保健福祉活動に携わっている存在は少ないのですが、今後それらを統合した実践を行っていくことが自分の専門性であることも感じ始めています。

二　地域の現状

浜松市は人口約六十万人。大正から昭和にかけては、織物、楽器、オートバイなどの産業が発展し、工業の町として栄えました。近年、光ファイバーなどの技術を扱う事業なども盛んになってきています。最近は、周辺市町村との合併問題や政令指定都市への議論も盛んになってきています。

1　施設の現状

二〇〇三年九月現在の精神保健福祉の現状は、精神科病床数約千四百、施設の数は一九八九年授産所一カ所、一九九八年援護寮一カ所、支援センター一カ所、グループホーム二カ所、二〇〇〇年作業所一カ所、二〇〇一年援護寮一カ所、支援センター一カ所、グループホーム一カ所となっています。福祉的な就労を含めて、働く場所が極端に少ないという現状と課題がありました。

2　団体設立の経過

一九九三年五月に開院した「メンタルクリニック・ダダ」では、医師による薬物療法、臨床心理士による心理療法、精神科デイケアの三本柱として臨床活動を行ってきましたが、次第に医療ではなく福祉の面で精神保健福祉サービスの利用者をケアしていく必要性を感じ始めました。

一九九五年の法人への改組とともに、筆者が中心となり、援護寮および地域生活支援センター、グループホーム作りを始めました。そして一九九八年四月から浜松市に援護寮「だんだん」、地域生活支援センター「だんだん」、グループホーム「ぐるぐる」の運営を開始し、二〇〇一年四月に「ダダ第二クリニック」、グループホーム「ぶれす」、六月には支援センター「なかなか」、二〇〇三年四月にはグループホーム「ぷりんはうす」の運営を開始しました。

院長が児童思春期の専門であることもあって、従来の精神科では治療の対象となりにくい若年層のエネルギッシュな利用者が多いのが特徴です。また、可能な限りの在宅支援体制を検討しています。基本的治療は、徹底的に不安に付き合い、再成長を促進させる手法です。併せて精神障害者の社会復帰を考えると施設から地域という視点が必要になってくるため、一九九三年から八年間という短期間に、ハイペースで事業を拡大していきました。現在は、早期発見、早期治療や、精神科デイケア、地域生活支援体制作り、発達障害児の療育、三障害合同の就労支援体制整備、ケアマネジメントの基盤作り、市民のボランティア活動の支援やＮＰＯの立ち上げにも協力をし、医療、福祉、生活支援、地域作りを含めた、総合的かつ包括的治療活動と支援体制作りを実践しています。現在生活支援センターでは約百七十名の利用登録があり、来所だけでも一日平均二十七名が利用しています。

三　精神医療保健福祉の現状

1　退院促進支援事業を通して

現在、統合失調症（精神分裂病）や気分障害（うつ病）など約三十三万人の方々が、精神科病棟に入院しています。厚生労働省は二〇〇二年十二月、入院患者のうち七万二千人が「受け入れ条件が整えば退院可能」と発表しました。一九九九年に行われた患者調査をもとにした数字です。入院患者のうち約二二％が「受け入れ条件が整えば退院可能」ということになり、今後十年をかけて彼らを地域の中で支えようという準備が始まっています。具体的には、二〇〇三年から退院促進支援事業として、全国十六カ所で事業が始まりました。我々の生活支援センターは事務局を引き受け、筆者も「自立支援員」として、事業に協力していくことになりました。

今後、精神保健福祉士には「社会的な環境によって退院にいたらないいわゆる社会的入院者も少なからず存在する」ことから、「長期入院をしている精神障害者の社会復帰に関する相談援助を行う」役割が期待されています。[2]また精神保健福祉士が中心となり、地域ケアシステムを実践、研究、開発していく必要があると考えられます。先に述べた退院促進支援事業では、地域の機関の協力や連携は不可欠になってきます。そのための精神保健福祉士のネットワークや視点が問われるのではないでしょうか。また、精神保健福祉士だけではなく、臨床心理士や作業療法士も医療の枠組みとは別の視点で、地域生活支援の実践活動を育んでいく必要が出てくると思います。

2　バイオ、サイコ、ソーシャルを統合したモデルについて

とはいえ、医療モデルと生活モデルの対立的概念、精神科医療と精神保健福祉がなかなか協力関係を築けない問題が存在します。後述のE-JANの項で詳しく述べますが、地域精神保健福祉活動を展開していく上ではいくつかの乗り越えなければならない壁が存在します。実はそこをつなぐ役割がとても重要なキーパーソンになることが実証的にわかってきました。実際多くのメンバーが地域に出ていくと、医療か福祉かそれとも生活かと、従来のように切り分けて考えられなくなってきます。つまり、バイオ、サイコ、ソーシャルを統合したモデルを作ることが急務になってくるのです。西園[3]は、「かつての生物因論と心因論との不毛とも思えた対立を超えて生物―心理―社会的多次元の原因が重なりあったものという多重層モデルへと発展しているのである。ことに、リハビリテーションに関してはさらに医療と福祉の統合モデルが求められる。精神保健福祉法はまさにそ

のモデルにもとづいたものである」と述べています。

地域精神保健福祉活動を進めていく上で筆者が戸惑ったことの一つは、職種間や機関間のコンセンサスがないということです。共通したモデルがないということは、自分の見方、見え方ばかりが強調されてしまうということです。患者やメンバーにとってみれば、医療も福祉も生活も連続した線上に存在しているはずなのに、担当者は自分が携わっている場面からしか対象者をみない傾向があります。極端な言い方をすれば、精神障害者は医療からみればあくまでも患者さんで、その人の生活は扱う対象にしなかったり、福祉はその逆で病気の面を扱う対象にしなかったりという現象が起きてしまっています。西園のいうところの、医療と福祉の統合モデルを地域の実践活動から模索していくプロセスが、コンセンサスを作っていくことになっていくのだと思います。

筆者は臨床心理士でありながら精神保健福祉士資格を取得し、「二束のわらじ」を履いて仕事をしてきました。患者の治療的な流れや地域での支援のため、地域福祉や医療機関と接点をもち始めたのですが、それらの間に垣根があり、地域活動まではやりきれていないという現状がわかってきました。また、思春期・青年期デイケアの次のステップとして、社会の中で生きていくことができる支援方法の仕組み作りが必要なのですが、個人面接やデイケアの治療で症状が安定し、「社会に出たい」という希望をもち始めた患者に期待だけさせておいて地域の支援が整っていないという現状に、やりきれなさと危機感を感じるようになってきました。そこで結局、自分自身が地域精神保健福祉活動を牽引していく決心をし始めたのです。

行政の立場で子育て支援をしている人も、「心理的な視点の支援とともにソーシャルワーク的な視点がどうしても必要になってくる」と話されていました。被虐待児などのケアを考えた場合、保護するという支援から家族介入の支援、そして予防的な意味での母子保健の啓発や予防的カウンセリングなどの面の支援をしていかないと、対応が後追いになるばかりで、根本的な解決になっていかないというものです。このように、現在の精神保健福祉領域の問題は、一つの職種や単一の機関だけで解決につなげていくことが難しくなってきています。

四　援護寮「だんだん」、生活支援センター「だんだん」の活動（その1）

1　基本的な考え方

精神障害者への支援が、入院中心から社会復帰、そして地域生活支援にシフトしてきている中、我々は地域で増加する精神障害者の治療および在宅生活への支援などを行うため、精神科診療所、援護寮、地域生活支援センター、グループホームなどの運営を行ってきました。基本的な視点は、精神疾患を生物学的なエピソードで捉えつつも、サリバン（Sullivan, H.S.）のいうところの社会心理的視点を理論的な背景にしています。それは、さまざまな事業や支援サービスの選択肢があることと、関わりにより心の発達を促進し、治療的に効果があると考えています。

地域生活支援センターは、原則法定内社会復帰施設に付置した事業として、障害者の地域生活を支援する目的で設けられました。援護寮「だんだん」は静岡県下二番目の精神障害者生活訓練施設として、地域支援センター「だんだん」は静岡県下初の精神障害者地域生活支援センターとして、一九九八年より活動を始めました。

「だんだん」のような施設や事業が地域や他機関と連携していこうとする場合、外への働きかけが強いだけでは連携を推進していくパワーや推進力が生まれてきません。施設や事業を利用するメンバーに活気があることが重要だと思われます。この項では、我々が行ってきたさまざまな支援や考え、今後の可能性について論じたいと思います。

2 はじめの一歩

全国の医療法人が運営する社会復帰施設のほとんどが病院併設型であることはよく知られており、旧来より「回転ドア現象」「囲い込み」など多くの批判を受けています。社会復帰施設を設置・運営していく場合、運営法人が病院の経営の一環として行うか、理想的な社会復帰活動をしていこうと考えているかによって、場所、施設の設計、運営方法、スタッフの職種、支援内容などすべてが決まってきてしまうといっても過言ではありません。実際、開始後数年たっても地域との連携をしていない施設は数多くあり、退院はできたものの、結局、施設症から抜け出せない利用者がいるという現実も存在します。

「だんだん」を作る際、我々はクリニックといえども医療機関である法人本体から、物理的に距離を離すことを決心しました。結果的に、その後の活動の広がりを考えると成功だったのですが、その当時の様子をひもときながら地域へどのように展開していったか振り返り、地域に出る際や白紙から事業を立ち上げる際のエピソードから、地域連携の萌芽について考えてみたいと思います。

（1）地域へ出る禊

新しく土地を購入し施設建設を進める中で苦労したことの一つは、「地域への説明」でした。折りも折り、神戸では酒鬼薔薇聖斗を名乗る少年により悲惨な事件が起きた後であったため、地元からは精神障害者社会復帰施設イコール犯罪者が入る施設なのではないのかという声も上がりました。

精神障害者の社会復帰活動はこのように、知らないが故に起こってくる地域の声にも応えていかなければなりません。筆者たちは、地域の方をクリニックの夏祭りにご招待して、活動の実態をみていただきました。夏祭りは、デイケアメンバーや外来患者、地域の方など約三百人が参加し、非常に賑やかでした。その後、膝を交えた話し合いを重ねながら、当時の自治会長の尽力もあり、地域の理解を得て建設が始まりました。この時の関係作りが、のちの「だんだん運営評議会」への自治会からの参加や、春祭りへの地域からの協力、草刈や溝掃除などの地域行事への参加、就労の際の開拓などにつながってきたり、「地域との連携ではさまざまなトラブルも起きるだろうけど、一つ一つ丁寧に対応していくしかない」という当たり前の対応の積み重ねにつながってきたのでした。

（2）モデルとして

今でこそ普及してきた社会復帰施設ですが、準備を始めていた一九九六年当時は県内、市内に実績が少なく、行政の担当者と打ち合わせをしていても双方にわからないことが多く、手探りの中で準備を進めなければなりませんでした。ただ助かったことは、和歌山県の麦の郷や川崎市のリハビリテーションセンター、埼玉県のやどかりの里など、県外の先行する施設や事業を視察する機会に恵まれたことでした。しかし、県外で行われていることは、どうしても自分たちの生活している場所とは違い、外国で行われている感じ、地続きではない感じがしてしまったのも事実です。これから増えてくる社会復帰施設（特に生活支援センター）の自分たちの地域のモデルを作っていく覚悟が徐々に生まれてきました。

3 「だんだん」の活動から連携を考える

（1）デイケアモデル、訓練モデルの導入と失敗

当初、生活支援センターの昼間の過ごし方として、いくつかのメニューを導入しました。我々の出発点が精神科デイケアであったため、午後だけのデイケアのような形でスタートさせました。慣れないメンバーやスタッフの関わりのきっかけとしてメニューは必要でしたが、徐々にメニューを提供することがスタッフの役割になってしまい、メンバーからの要望に応じることが難しくなってきてしまいました。そこで、メニューのあり方をメンバーとスタッフがともに見直しました。また、援護寮でも食事作りや金銭管理などの訓練的なプログラムが中心でしたが、徐々にメンバーの主体性を中心にした支援方法に変化させていきました。

それらのことを振り返ると、結局我々にいろいろなことを教えてくれたのはメンバーでした。地域でメンバーが生活してはじめて、我々のどのような支援が有効なのかを知ることになったのでした。食事作りはできなくても安心感があれば生活できる人や、地域で生活することにプライドをもっている人は、案外くずれずにやれています。院長が、「特別スーパーバイスをしなくても、患者がよくなっているかをみれば、そこから学ぶべきことがあるはずだ」と言っていたことを思い出します。詳しくは後述しますが、常に対象者から学んでいく姿勢が、支援の質を高めていくのだと思います。

生活支援センターにデイケアモデルを導入したことや、援護寮に訓練モデルを導入したことは失敗だったといっても過言ではありません。個人的には「医療モデル」という言葉は好きではありませんが、どこか医療的な一対一での支援が中心になっていたことを、数回にわたる事例検討やスタッフ同士の振り返りの中で気がついていきました。

実はこの気づきが、のちのちの施設での支援方法や、地域との連携に大きな影響を与えていきました。支援の視点を一対一の「してあげる、してもらう」関係から「メンバー、スタッフがともに可能性を発見していくプロセス」に移していくことにより、地域の他機関や専門家ではない農家や市民の方たちとの連携ができていったと考えています。多くの医療機関が運営している社会復帰施設が、地域との連携をスムーズに行えない理由として、実は支援者側が一対一の支援方法に代わる方法を発見できていないことがあげられるのではないでしょうか。我々がある一つの枠組みにとらわれてしまうと、その関係性の中でしか支援の幅を広げられなくなってしまいます。

(2) いわゆる施設ではなく、機能としての拠点をめざして

「だんだん」は、いつも賑やかなところです。ある実習生が「ここは施設ではなく大きな家みたいだ」と言っていました。また、別の実習生は、「一人一人のメンバーの言葉が一言一言心に響く」とも伝えてくれました。地域で生活しているメンバーが出入りすることで、援護寮利用者のよい刺

激になっています。後述のメンキャップクラブやE-JANの活動が外部にあり、常にさまざまな刺激が外からもち込まれます。施設という守られた雰囲気を残しつつも、循環する形で透過性の高い膜から、さまざまな刺激が出入りする場所に変貌していったのでした。施設の運営を開始した当初は、スタッフ、援護寮メンバー、生活支援センターメンバーが個別の集団でしたが、現在はそれぞれが有機的に結びつき、交流する動きになってきています。

二〇〇一年十一月に茨城県で行われた「第四十四回病院・地域精神医学会」にて、一九九八年から運営を開始した援護寮、地域生活支援センターを四期に分け、十代から五十代までが混在する利用者集団三世代の交流と、地域支援体制の発展性との相関関係について論じました。いくつかの失敗事例から、我々スタッフは社会復帰や地域生活支援のあり方を学び、自分たちの視点の切り替えや気持ちの変化が、施設全体、地域精神保健福祉のダイナミズムに影響していたのです。

確かに福祉はそこに入所したり通所したりする施設ありきですが、収容型の施設福祉を展開していくのみでは、地域との乖離は進む一方です。特に生活支援センターは、精神保健福祉法の中で唯一「地域」がつく事業です。施設の枠を超えた機能としての拠点であることが期待されています。

(3) 事例検討を通して援助の質の向上に

我々は、頻繁に事例検討を行います。援助者とメンバーの関係の振り返りであったり、行き詰まりを打開するためのものであったりします。事例検討を通してメンバーの認知のパターンや症状はどのような特徴があるのか、生育歴との関係、周囲や援助者との関係の意味、発展の可能性、援助者やチームのメンバーへの影響などについて、精神分析、家族療法、認知行動療法、ケースワーク・ソーシャルワークといった各視点から検討を行います。

我々が表面的な事柄にとらわれずに、症状をメンバーが発している声として感じとることや、それまでの生育歴や生活歴が現在の心のあり様とどのように関連しているか、また援助者や仲間などの環境との関係の中で何か感じていることはないかなど、本質的に起きていることに焦点づけできる力量を身に着けることが、支援の質の向上に結びつくのです。また、そのとき、自分の関わりや支援内容も含めて振り返ることができるかどうかも、同時に問われています。

我々の前に現れる精神障害者といわれる人たちは、幻聴や妄想、独特の被害観などをもち、ＡＤＬ（日常生活動作）の低下や生活障害を抱えている場合があります。歴史的に医療が中心であった時代は「病気」の面を中心に捉えていたのですが、今後「地域」での支援が中心になっていくにしたがって、共同作業として生活能力の回復や閉ざされていた可能性の再発見などのプロセスを通して支援ができるか、問われるのではないでしょうか。地域支援の浸透に従い、メンバーの新たなニーズは活性化されてきています。また、ＳＳＲＩ（選択的セロトニン再取り込み阻害薬）の投与で覚醒レベルを保ったままで生活をしていくメンバーも増加しています。それらの点でも、従来の治める関わりから可能性を模索する関わりに転換していく必要があるようです。

（4）メンバーから学ぶ姿勢

最初のうちはスタッフ主導で訓練的なプログラムとして、食事作りや金銭管理などを導入していました。現在でも同様のプログラムを行っていますが、特に援護寮は生活訓練施設でもあり、当初はスキルアップをさせるという面に力を入れすぎてしまい、一年間という決められた期限の中では、どうしても「尻を叩いてしまうような」支援になってしまいました。それが、逆にメンバーの不安をあおり、主体性を促すことができなくなっていました。そこで、再度事例検討を通して自分たちの関わりを見つめ直し、メンバーに自発性が生まれるための支援に切り替えていきました。

この切り替えは、メンバーとの共同作業でした。援護寮を卒寮し、地域で生活し始めたメンバーが自由に生活支援センターを利用することで、彼らの生活に触れることができました。それまでの援護寮での訓練のどのような内容が有効で、何が過剰であったのかを受け止めることは、とても勇気のいることでした。職員として教える立場からメンバーに教えてもらう立場への切り替えは、支援者側の抵抗や防衛が強いと難しいことです。我々の中には、これを受け止めていくしかないという真摯な態度ができ始めていったのでした。生活支援センターのプログラムも、職員主導型からメンバー主導型に切り替わり、グループワークを通して、病気との付き合い方や就労しながら暮らすことなどの自分の経験を伝えていくことがほかのメンバーの役に立つという、「自尊心の回復」や「モデルとしての意義」[4]への気づきを生じさせるプロセスが効果を生んでいます。

地域の中で、支え合う仲間がいることや、いざとなったら支援してくれるスタッフがいるということをメンバーが理解するためには、密室での支援ではなくガラス張りの支援をしていくことです。困ったときにメンバーや職員からどのように支援を受けるか、メンバーは相互に理解しあっています。そういった有機的なつながりが、エンパワーメントを生じさせるのです。利用者から学んでいく姿勢がないと、「支援をしていくこと」＝「厄介なこと」という観念をもってしまい、支援の広がりにつながらないのです。

地域の中で暮らす精神障害者は、行政からも地域からも「厄介な人」という扱いを受けている場合が少なくありません。そのような中で、いくら社会復帰施設が理念を唱え、連携を訴えても、実現は難しいのではないでしょうか。まず、我々専門家がメンバーとのパートナーシップをもつことができてはじめて、地域との連携に発展していくのです。

(5) 知的障害の作業所活動の実践から学ぶ

我々が地域での精神保健福祉活動を始めたとき、先鞭をつけてくれたのが、ある共同作業所でした。昭和五十年代に活動を開始したこの作業所は、福祉施策が乏しい時代から、地域の中で障害をもった方たちが生活できないかという問題意識を掲げて活動を展開していました。我々はそこから、地域との交流やボランティアの導入方法、そこに参加する利用者と職員の関係を学んでいきました。

我々が医療という枠から地域の枠にシフトしていく際に、この作業所との出会いはとても大きな意味がありました。精神保健福祉分野は知的障害分野に比べ後発で、精神障害者に対する地域における支援システムはいまだ構築されていないという実態がありますが、連携や地域活動を視野に入れた場合、ほかの分野の先進的な活動も貪欲に学んでいく姿勢が必要なのではないでしょうか。

五　E-JANの存在

1　E-JANの誕生

浜松地域における精神保健福祉活動を振り返るとき、一九九五年頃から精神保健福祉領域の施設、クリニック、病院などの職員、家族などの関係者が集まって行った「精神保健福祉を実践する会」の存在は大きなターニングポイントでした。一九九七年に「遠州精神保健福祉をすすめる市民の会」（通称E-JAN）として発会するのですが、この会を通じて、地域の精神保健福祉士や臨床心理士、看護師、精神科医などの専門職、当事者や家族、行政関係者、市民などが対等な立場で地域精神保健福祉活動を進めていく素地を作っていくことになりました。周囲からは無謀だと思われた感もありますが、自分たちの地域の問題を自分たちで取り組んでいこうという、その当時はまだ少なかった市民活動としての精神保健福祉活動のあり方を模索したのです。

E-JANの活動の中では、利用者にとって必要な地域支援とは何か、そのために自分たちに何ができるのかといった話し合いに時間を費やしました。経営母体が異なる機関同士が連携する多くの場合、所属する組織の論理が優先されてしまうことが多々あります。そのようなジレンマを抱えて地域活動を行っている方も多くいます。我々は、このE-JANの活動を通して、所属する機関は異なっても共通の目標をもった仲間として連携をしながら業務を行い始めたのでした。

2　ネットワークの功罪

一方、ネットワークではバランスを取り合う作用も視野に入れなくてはなりません。情報だけが飛び交い、お互いに様子見の状態になってしまい、とりあえず顔を出して無難にすませるという論理が働きやすい側面もあります。ネットワークが機能し、全体の活動が活性化していくためには、関係する各構成員が自らの問題を発見し、主体的に解決することで活動の意味や価値に気がついていく、という姿勢が問われるのではないでしょうか。

3　自主制作ビデオ作成や寸劇の経験を通して

二〇〇一年のＥ-ＪＡＮの活動の一環として、約十八分のビデオを自主制作し、二〇〇二年には、ケアマネジメントやホームヘルプを取り上げた寸劇を上演しました。今回のビデオや寸劇の企画では、ボランティアとして参加のしやすい企画段階から情報発信に努めた結果、精神保健関係の専門家のほか、学生、市民、当事者などの協力が得られました。参加者それぞれが得意な分野で力を発揮することで充実感を感じたようです。

　精神保健の分野はこれまで支援の中心の役割が専門家に特化されていたため、市民にボランティアへの興味があっても参加のしかたがわからないという側面がありましたが、今後、市民性、素人性が専門性の対局としてクローズアップされていくと思われます。精神保健法から精神保健福祉法になり、広く国民共通の福祉課題としての方向性が示されていく中で、専門家、特に精神保健福祉士は、市民ボランティアを希望する方をコーディネートする役割になっていくと思われます。その場合、市民にこちらの土壌に乗ってもらうだけではなく、専門家自身の枠組みをどれだけくずしながら市民とともに活動できるかが問われてきます。お互いに得意なことを提供し合い、気づき・変化させ・可能性を発見する、というプロセスが住みやすい地域作りにつながると思われます。また、最近は数多くのＮＰＯが設立されていますので、ＮＰＯ同士のネットワークや連携も注目したいと思います。

六　援護寮「だんだん」、生活支援センター「だんだん」の活動（その2）

1　住宅支援、就労支援

今でこそ軌道に乗り始めている住宅支援や就労支援も、最初のうちは失敗の連続でした。援護寮は二年間の期限付きの中間施設のため、「援護寮を卒寮して地域の中で生活してみたい」というメンバーから、「病院には絶対戻りたくないので地域で暮らします」という人や、現実的に家に戻って親と暮らすことが再燃に結びつく可能性が高い方まで、さまざまなケースがあります。

A子（五十歳）さんも、家に帰ることができない事情をもった方でした。我々はある不動産屋とアパートの賃借の話を進めていたのですが、最終的に家主から「何か問題があるといけないからお断りしたい」という返事がありました。A子さんも我々もショックを受けました。同時に、これが現実である、という覚悟もついてきました。そんな折、あるスタッフが自分の引越しのための物件探しと同時に、精神障害者のためのアパート探しをしました。また別のスタッフは、知り合いの不動産会社に連絡を入れたりもしました。こうしたゲリラ的な活動が、「あなたたちがそこまで熱心に言うのであれば…」という理解を生み始めたのです。そして、一軒、二軒とアパートが見つかり始めました。もちろん、先述のA子さんも保証人の問題や家賃の問題はありましたが、何とか借りることができました。

また、当初就労先を見つけることは非常に困難でした。市内には、通所授産施設と小規模作業所が各一カ所しかなく、いずれも「だんだん」からメンバーが通うには一時間以上かかってしまうという状況でした。援護寮、生活支援センターの利用者の平均年齢が三十二歳と若く、就労支援のニーズが高いため、一九九九年頃から積極的に地域での就労先を開拓しました。こちらも、求人誌をみて問い合わせたり、知り合いのつてで探したりとゲリラ的な開拓方法を行い、「働いてみたい」というメンバーの声に応えていきました。現在は、十五カ所の協力事業所で働く四十人（精神障害者社会適応訓練事業含む）の就労支援をしています。施設周辺が農耕地帯であったことを生かして、約六割は農業関係の仕事に従事しています。農業の仕事は対人面の緊張が少なくてすむことや、作業が単純なため、過度なストレスがかからないと考えられます。さらに慣れるまでソーシャルワーカーが同行したり巡回したりすることで、トラブルを未然に防ぎ、無理のない仕事を続けることができます。そしてメンバーは自信を取り戻し、家族関係も改善され、たくましさと安定感を増してくることが多いようです[1]。

このような実践の積み重ねが影響して、農林事務所の主催で「福祉と農業のいい関係」というタイトルでシンポジウムが開催されました。特に若手の農業家の方々は、メンバーに過度の負担がかからないように配慮したり、より適した仕事を検討したり、時には知り合いの農家を紹介したりと、就労先の開拓に協力してくれました。

　従来の就労支援では、メンバー自身が地域にある授産施設や作業所に合わなければ支援は困難でした。それに対し十五カ所近くの就労先を開拓することで、施設を増やすのではなく、地域の中の協力者を増やしていくことができました。

2　困難事例を通して

　もう一方で我々が直面した壁は、いわゆる困難事例への対応でした。社会復帰施設によっては、困難事例には積極的に対応しないという方針を出しているところもありますが、我々は一歩踏み込んで対応することを試みました。

　五十歳のB男さんは、中学卒業後就職しましたが、二十五歳頃から幻聴が出現し、不眠、過敏状態となりました。発病以降はほとんど入退院を繰り返し、精神保健福祉士の勧めで援護寮に入寮しました。入院が長期にわたったせいか、対人スキルや対他配慮が足りず、自分の都合や考えのみで行動するため、結果的に相手を困らせたり、怒らせたり、または依存的、支配的になったりしました。何度も調子をくずしましたが、本人の「二度と病院には戻りたくない」という気持ちが歯止めになり、二年間の援護寮利用期間を経て、生活支援センターのサポートを受けながらアパートでの生活を行うことになりました。

現在利用しているサービスは、生活支援センターの電話相談、週一回のホームヘルプによる食事作り、掃除などの援助、週二～三回の精神科デイケアへの通所、週一回の訪問看護による服薬指導や体調管理、社会福祉協議会による権利擁護事業（金銭管理が中心）、生活保護による各種扶助、地区の民生委員や保健師の見守りなどです。

入退院を繰り返してきたB男さん自身、一人暮らしは困難と考えていましたが、複数の機関の役割分担と連携体制により、現在は比較的安定した地域生活を営んでいます。金銭管理やホームヘルプなど役割を分けたことで、B男さんと支援者との関係性が明確になり、依存や巻き込みが軽減され、結果的にB男さんや支援者のエンパワーメントが高められたと考えられます。地域の中に支援体制がないゆえに、B男さんは長期の入院を余儀なくされ、孤独感や自信のなさがストレスになり、調子をくずし、結果的に入退院を繰り返していたのだと考えられます。

単独での支援が難しい困難な事例をケアするには多くの労力や負担がかかりますが、抱え込むのではなく、周辺の医療機関、福祉機関、行政に繰り返し働きかけることで、徐々に支援の可能性が広がっていきます。今後の障害者ケアマネジメントは、地域生活支援を行っていく上で、地域の共通の視点、共通の言語になっていくものと思われます。仮に一つの事例でうまくいかなくても、他機関と関係を作り連携することで、お互いの特徴を理解し合うことになり、ほかの事例のときにその関係や経験は生きてくるのではないでしょうか。

3　その他の活動

その他の活動として、障害者が経済活動に参加する「メンキャップクラブ」の運営や、家族との定期的な連絡会議、母親への子育て支援活動などがあります。紙面の関係で割愛しますが、どの事業も複数の機関や職員と連携しながら進めています。お互いの顔が見え、もちつもたれつの関係になることで、困ったときに相談したり助け合ったりできるのではないでしょうか。

七　まとめ――いくつかの視点、概念の整理

1　自己の拡散と再統合

筆者自身、臨床心理士から精神保健福祉士に転向しましたが、その道は順調ではありませんでした。地域に出るしかないという覚悟と、地域を変えることで特に統合失調症の再発率を抑えられるのではという仮説を考えていましたが、自分自身の不自由な臨床心理士としてのシガラミや数々の失敗で落ち込んだり、事業が拡大していくことに対してイメージが追いついていかなくなり、思考が停止したり、バーンアウトの連続でした。さらに施設長としての筆者の価値観やパーソナリティが施設運営に映し出されてしまうという点にも苦しみました。それらを救ってくれたのは、スタッフや地域の中で出会った人々やメンバーでした。

ある程度の自分の考えは必要ですが、時に自分のやってきたことを振り返り、時には否定し、時には壊していくという姿勢が大切です。自分の枠組みを守りすぎると、地域の中の多様なニーズに自在に対応できなくなってしまいます。

筆者自身、支援者、対象者という垣根を超えたつながりが再び活動を行っていくエネルギーになりました。

2　連携の概念―適応型モデルから循環型モデルへ

従来、専門家主導、職員主導だった支援内容も、徐々にメンバー同士の横のつながりが新しい力や支援方法を生み出していくピアサポートに変化し始めています。また、ケアマネジメントの考えの浸透により、一方的に支援内容を与えるのではなく、メンバーとともに考えていくという方向に変わり始めています。

しかし、いくらアセスメントやケアプランを立てても、循環型の実践をしていかないと、特に地域では行き詰まってしまいます。「メンキャップクラブ」では、当初福祉的な視点でポストカードやTシャツを販売していましたが、日給に換算するとわずか六十四円でした。しかし、ほかのメンバーが通う事業所から野菜や卵を仕入れたり、知的障害者の作業所からクッキーを仕入れたりして一般市民に販売するという形態に変化することで、生産者と消費者をつなぐ役割をとることができました。あるメンバーが「農家にもお客さんにも喜ばれ、僕たちもお金がもらえて幸せだ」と言っていたことがとても印象的でした。まだ多くの課題を抱えていますが、達成感や幸福感というものがメンバーや支援者に無類の勇気を与えているのだと思われます。

一方、我々専門家は孤立しやすい面があります。自分一人だけで頑張ろうとしたり、それが高じて抱え込みになってしまうこともあります。我々が自分の心と向かい合い、周囲と豊かにつながり、救われたという実感をもたないと、地域精神保健福祉活動を適応モデルで進めていってしまう可能性があります。利用者と支援者がともに、地域の中の問題点の掘り起こしを繰り返しながら、組織や個人に生じた壁や垣根を取り除いたり壊したりすることで、豊かにつながることを大切にしていきたいと思います。拡散と収縮を繰り返すさまざまな問題を統合しつつ、多元的に扱う視点がないと、地域の問題は本質的には解決の方向に進んでいかないのではないでしょうか。

3　ネットワークと連携

我々はケアマネジメント連絡会、生活支援センター連絡会や法内施設連絡会などを開催してきました。能動的にネットワークが機能し始めると、ネットワークの多面的機能が生じ、新しい課題に取り組むネットワークが誕生してきます。また、ネットワークの淘汰も起きてきます。就労支援者ネットワークは「だんだん」主導で行っていましたが、現在は行政が就労支援者連絡会として実施するようになりました。このように、地域の中でネットワークの役割を整理し、足りないものは作り出し、より効果が上がるものは然るべきところが行うというフレキシブルな視点であり方が検討される必要があります。

一方で、ネットワークや連携を実践の中で語っていかなければ、唱えているだけのことに終わってしまいます。よくあるのが形式的な会議を行って連携をしているという錯覚に陥るというものです。会議が悪いわけではありませんが、その会議が何のために行われるのかということは重要です。筆者は、地域での連絡会議では可能な限り事例検討や実践の検証を行い、そこから地域の中で不足している社会的資源やシステムは何なのかを検討し、コンセンサスを形成する必要性を感じています。

4 今後の生活支援センターの連携試案

今後の課題として、生活支援センターは、グループホームや作業所などの福祉的な拠点や市民活動を基本にしたNPO、保健福祉活動を取り入れたいと考えている民間企業や行政とのタイアップがますます必要とされてくると思われます。地域の機動力としての生活支援センターが核となり、ハードとソフトの両面でさまざまなアウトリーチを開拓していくことが、今後の地域精神保健福祉活動において、大変重要になってくると思われます。

先述のように、生活支援センターが役割機能をもつことで、ネットワークが広がり、効果のあるものは予算化を行政に働きかけることが可能になります。家族が作る拠点（自宅の開放などによる作業空間、補助金なしの共同住居など）、ボランティアが作る拠点（自宅の開放や有志によるカンパで運営する当事者とボランティアの交流の場、学生や市民ボランティアが作るNPO、当事者が作る拠点（自宅の開放などによる仲間作りの場、ピアカウンセリングの場、内職ネットワーク）などが考えられます。それぞれが相互に連携し合いながら過渡的な就労支援を行えるようなクラブハウス、自主製品を販売するショップ、喫茶店、配食サービス、ホームヘルプサービス、ボランティアや当事者による企業内精神保健相談活動、地域や企業に働きかけていく精神保健啓発活動や相談活動などです。

5　視　点

冒頭に述べたとおり、筆者は社会や支援サービス、地域の支援体制とメンバーの回復過程や相互関係の中での成長や変化などを検討する中で、「より豊かに生きることを目指すこと」や「可能性の発見のプロセス」を広義での心理臨床的なアプローチだと捉えています。一方で「べき論」が先行してしまうと、地域での支援や連携は行き詰まることが多いようです。

生活支援は社会への適応だけでみるのではなく、こころの成長という視点でみることが必要です。

メンバーにとって支援者が増え、安心すると、日常的に退行や依存が起こってきます。ぐずぐずしたり甘えたりすることと再成長、再出発を促していくことは、補完関係にあると思われます。地域の活動では組織によって理論的な背景が異なりますが、メンバーが安心や信頼できる環境や支援者、仲間などが地域に存在してこそ、真の社会復帰、生活支援ができるのではないでしょうか。

現状では、生活支援に必要な支援体制や施設がしっかり整っている地域はわずかでしょう。支援体制や施設がないからできないというネガティブなイメージを変化させるには、メンバーが自分の生活に必要な希望を出せる支援者との関係作りや、地域で暮らす先輩当事者の存在が必要不可欠です。これからの生活支援は専門家だけによるものではなく、メンバー同士の支え合いにより展開していくものだと思われます。連携という発想をメンバーまで広げていったとき、我々が固定化された価値観に留まっていると、メンバーより不自由になってしまうかもしれません。

6　パラダイム転換

医療と福祉、病院と地域は歴史的に対立した概念として捉えられた時代がありました。しかし、これからは医療も地域も支援資源の一つというパラダイムの転換が必要です。これは同時に、メンバーが病者として扱われ病気を自分の全体像として捉えてしまうことにより生活能力を押さえ込んでしまう弊害を、困ったときや大変なときは入院し、あとは地域で過ごすというように、病気を部分として捉えることにつながっていきます。支援者側も病気を部分とみることで、転換が図れるのではないでしょうか。地域の連携の中で、パラダイム転換ムーブメントは喚起されていくと思います。

7 障害者ケアマネジメント、ACTプログラム

地域で生活し始めたメンバーを支援していくことは容易なことではありません。ホームヘルプや訪問を組み合わせたり、地域の民生委員の協力を得たり、社会福祉協議会の権利擁護事業を利用しなければ地域生活が維持できず、病院に逆戻りしてしまう場合が多々あります。また、就労など自分の存在を実感できる活動を行うことでの自尊心が、再発の抑制になっている場合もあります。繰り返される再発や再入院は、施設症をより深刻なものにしていく可能性があります。しかし、わが国では、地域の中での支援システムは確立されておらず、二〇〇三年から本格的に導入された障害者ケアマネジメントに期待が集まっているところです。また、アメリカやカナダで効果が認められ、日本でも研究が始まったＡＣＴ（集中型・包括型ケアマネジメント）の導入により、いよいよ本格的に他職種連携による生活支援が始まろうとしています。

同時に、他職種が連携して地域生活支援を行っていく上で、理想とは裏腹に多くの失敗や限界を感じることがあると思われます。特に失敗が生じた場合、主たる担当組織に依存的になったり、

「犯人探し」をしたり、他罰的になったりします。これでは、根本的な解決になりません。一つの事例を通して生じた問題は、組織間や地域間の問題を顕在化させるチャンスと捉え、地域に存在する矛盾や葛藤を明確にしながら共通の課題としていくことが今後重要になってくるでしょう。そのために、力動的な視点で地域活動を支援していくことが必要です。

8　今後の課題

筆者はソーシャルワーカー的な視点で地域の支援活動を行ってきた結果、ある程度のネットワークや支援システムを構築することができましたが、同時に、推進する個人や組織に中心化が起きてしまっている現状も否めません。はたして地域が熟成して展開したものなのかという点では、違和感が残っています。今一度自分の視点を臨床心理士に戻してみた場合、他職種や他機関のお互いの境界線上に立ち、特徴や役割を明確にし、そこに働く人々の心の動きに注目をすることに取り組むという新たな課題が生じます。

また、多くの機関と連携しネットワークを作っていくことは「社会化」につながるという視点も、今後の研究課題としてあげられます。施設型の福祉を超えて、地域の中での拠点作りを行っていく機能としての活動を視野に入れた場合、施設、職員、利用者の社会化が同時に行われていく必要があり、連携を通した社会化を経て我々は成長していくのではないかと思われます。

先述のケアマネジメントやＡＣＴ、退院促進支援事業など、精神保健福祉領域では新しい枠組みが提示され、地域の展開も非常に早くなってきています。このような中で、コミュニティ活動に寄与する心理臨床的な技法の開発は、地域生活を望む多くの精神障害者にとっての希望でもあります。多くの心理臨床家が面接室でのアプローチのみに特化することなく、その知識や経験、技法を地域生活のための支援に役立てていくべきでしょう。

引用文献

(1) 伊藤泰治「農業をテーマに就労支援」『月刊ぜんかれん』七月号（№.四二六）、五四―五五、二〇〇二

(2) 厚生省大臣官房障害保健福祉部精神保健福祉課監修『精神保健福祉法詳解』ぎょうせい、六―七、一九九八

(3) 西園昌久『精神障害リハビリテーション』金剛出版、二〇〇一

(4) 野中猛『図説精神障害リハビリテーション』中央法規出版、二〇〇三

（元生活支援センターだんだん施設長　中部学院大学人間福祉学部　大場　義貴）

第Ⅵ章　家庭裁判所との連携

一　はじめに

最近の少年事件報道をみていると、家庭裁判所では頻繁に精神鑑定が行われているような印象を受けます。実際には少年の事件で精神鑑定が行われるのはごく例外なのですが、鑑定の折りには心理職が精神科医を補助して心理査定を実施したり、鑑定書作成に関わる例もあるようです。しかし、多くの心理関係者にとっては、家庭裁判所と実際に連携するということは、そう経験するものではないでしょう。

司法と心理とは従来から深く結びついていましたが、二〇〇〇年に「法と心理学会」が設立されたように、特に近頃その関係が深まりつつあるようです。「心的外傷」という用語が、心理領域で論議される以上に、過去の事件の法的責任を追求する場面で活用されたり、児童虐待防止法の条文中に挿入されたりするなど、これまで以上に司法と心理との関係は深くなったとも考えられます。もっとも従来から家庭裁判所は、少年鑑別所や家庭裁判所調査官、精神科医などを内部的に活用してきたため、外部の心理関係者と連携する必要は生じずに今日に至った傾向があります。そうはいってもドメスティックバイオレンスや児童虐待などが社会問題化されていくと、このような問題を直接取り上げることの多い家庭裁判所の手続きに心理関係者が関わる機会がますます多くなると考えられます。そこで本章では、心理職を中心とした対人援助職が家庭裁判所との連携を模索する際、参考となりそうな点について紹介したいと思います。

二　裁判所の特色

司法機関の特徴の一つとして、一人一人の裁判官が独立して個別事件の判断に責任をもつ、いいかえれば一人一人の裁判官がそれぞれ独立した裁判所であるという側面があります。また一方、最高裁判所を頂点として高等裁判所、地方裁判所、家庭裁判所、簡易裁判所といった上下関係のあるピラミッド構造の組織という側面を併せもっています。

例えば、ある犯罪事件について、その結論を有罪にするか無罪にするかは、各個別の担当裁判官の権限に属しているので、たとえ些細な法律上の判断であろうと、そのことに裁判所の所長やほかの裁判官が口をはさむということがあれば、これは裁判の独立が侵されるという意味で大きな問題となります。

他方で、研修会を企画して家庭裁判所調査官に講師で来てほしいとか、地域の会議に参加してほしいといったような、個別事案から離れた活動などに関して依頼しようとすると、裁判所内のピラミッド構造の上部、つまり裁判所長や事務局のところで判断されることになるようです。外部の者にとっては、このように、裁判所にお願いする内容によって判断をする権限をもつ部署が違うということは、とてもわかりにくいことです。ある個別の事件を通してなかなか力のある調査官と出会ったので、その人をぜひ講師にしたいと裁判所にお願いしたのに、当日は全く別の人が来て、通り一遍の手続きと統計を解説して帰っていったなどという声もよく聞きます。このような場合の派遣の判断や人選は、事務局など現場の意向の伝わりにくい部署が判断することがあるので、たとえ希望した調査官に先に了解を求めていたとしても、その調査官を通さずに決定されることも珍しくはないのです。いずれにしても、これが裁判所の「すじ」なのです。外部の者からすれば、このようなズレが裁判所の評価を下げていると思うのですが、「すじ」を通すことが前提の司法機関の部内では、「すじ」はことのほか大事にされているようです。

いろいろな行政官庁に関わった印象として、裁判所の司法行政担当者は、一般の行政官庁のように行政官としての裁量や駆け引きの訓練を受けながら昇進するというものではなく、俗に「ジグザグ昇進」と呼ばれますが、司法行政を数年やると今度は個別事件の担当裁判官や書記官などになり、数年すると司法行政に戻り、のちにまた事件部へ、というルートで管理職となっていく場合が多いようです。そのため、事件部で裁判に関わる中で「すじ」を通す仕事をして、その価値体系を身につけた人が、その発想で裁判所の行政的判断も行うため、「お堅い」裁判所がいっそう「お堅い」状況になるのだろうと思います。このことは、近くに六法全書があれば刑事訴訟法や民事訴訟法の頁を開けて、少し眺めていただけたら、理解できるかと思います。あれだけ緻密に規定していても、実際の裁判では個別に判断しなければならない点が山のようにある、そんな仕事をしているのが事件部の担当官なのです。ようするに司法行政官は事件部との往復の中で成長するため、個別事件に対しては非常に積極的な人でも、司法行政の領域に関しては驚くほど前例主義をとりがちで、基本的に変化を好まないという傾向がしばしば見受けられます。そのためか、家庭裁判所のように、本来は時代の最先端と向き合わなければならない裁判所ですら、時代や社会システムの変化に対しておよび腰で、消極的な構えをとることになっているのではないかと思います。

いずれにせよ、家庭裁判所との連携を考える際には、その連携の目的が個別事件に関するものなのか、それとも司法行政に関するものなのか、自分が出会うあるいは依頼する担当者の権限の及ぶ範囲はどこまでなのか、何ができるのか、といったことを理解しておいたほうがうまくいくようです。このようなことは、どんな組織との連携の際にも必要な配慮でしょうが、裁判所などは特にそのことが大きく影響し、もっていきよう如何で、話がとんとん拍子で進む場合もあれば、全くとりつく島がないという状況になることがあるということです。もっともこの司法行政上の動きについては、ある特定の人が移動することによって方針が極端に変わるということもよくあることで、前回うまくいったのに今回はだめとか、その逆であったりということはよくみられます。国家機関の管理職はひんぱんに異動する傾向がありますから、数年前にだめだったからきっとだめなんだということではなく、あきらめずに果敢に挑戦するという姿勢をもつのも大事なコツと思われます。

ところで家庭裁判所の場合、原則として事件を担当する裁判官のことを審判官と呼んでいます。家事事件担当は家事審判官、少年事件担当は少年審判官という具合です。これは、戦後すぐにできた制度ですから、当時は裁判官という呼び名があまりに強権的で、家庭裁判所の理念にそぐわなかったからでしょう。

もう一つ部外者が驚くのは、裁判所で扱う個別事例をすべて「事件」と呼ぶことです。あるとき、夫婦関係について妻が申し立てをしたので、夫に夫婦関係調整の「事件」としての連絡の書類を送ったところ、事件なんか起こしていないとえらい剣幕で怒鳴り込まれました。一般的な感覚では、「事件」と呼ばれるとショックを感じる関係者も少なくないでしょう。

三　家庭裁判所の理念―福祉裁判所として―

さて、家庭裁判所の内部構成を大きく分けると、事務局と実際に事件を担当する事件部に分かれます。事件部には家庭内の紛争、例えば離婚や子どもの養育費、遺産の相続あるいは成年後見などを担当する家事部と、少年非行や大人の福祉に関する犯罪を担当する少年部とがあり、それぞれが別の管理系統もっています。

昭和二十四年一月に、それまで行政機関として家族紛争を扱ってきた家事審判所と非行問題を扱ってきた少年審判所とを統合し、戦後の新しい憲法のもとで、その新しい理念を実現するため発足したのが家庭裁判所でした。その設置根拠は裁判所法にあり、活動の根拠は家事審判法と少年法ということになります。

家事審判法は「個人の尊厳と両性の本質的平等を基本として、家庭の平和と健全な親族共同生活の維持を図ることを目的」としていますし、少年法は「少年の健全な育成を期し、非行のある少年に対して性格の矯正及び環境の調整に関する保護処分を行うとともに、少年及び少年の福祉を害する成人の刑事事件について特別の措置を講ずることを目的」としています。要するに家庭裁判所は、家庭の平和、親族共同体の維持、子どもの健全育成を目的とする裁判所であり、「福祉裁判所」とも呼ばれる新しい理念をもった裁判所として発足したのです。

一般に裁判所の役割は法的に白黒の決着をつけること、つまり個別事案を裁くというやり方ですが、家庭裁判所はそれとは異なって、裁判所がまるで親あるいは仲人のような立場から家族や子どもに関わろうというものとなっています。このような私生活の支援に重点をおいた理念と活動は、優れて福祉的である一方で、司法機関一般の常識的イメージとは異なったものであったようです。今から二十年ほど前に、裁判所の内部では、家庭裁判所の役割について揺り戻しといえるような変化がありました。つまり、「行き過ぎた」福祉主義、あるいは親のような過保護な役割を見直そうという動きが強まり、「家庭裁判所といえども裁判所である」といったスローガンで、司法機関としての本来特性に戻ろうという路線変更を強調するものでした。以来、家庭裁判所は、それまでの積極的に社会に乗り出そうという方針からすると、やや引きこもりの体をなすこととなり今日に至っています。そのため、昭和五十年代はじめ頃まで強調されていた家庭裁判所の福祉的色彩も今日ではやや薄れた印象を受けますし、平成十二年の少年法改正により、少年の健全育成より、その責任を問うて罰することを原則とする方針への転換がなされ、それまでの家庭裁判所の姿勢や活動方針には変化がみられたと考えるべきでしょう。

いずれにせよ、今日では家庭裁判所の福祉裁判所という姿勢はやや後退していて、それゆえ、外部の機関に積極的に働きかけるとか、外部機関と対等・平等な立場で関わり合うというような視点も弱くなっている印象を受けます。そのこともあって家庭裁判所との連携も一方通行的になりがちで、裁判所に情報を提供することはあっても、返ってくることは少ないという意味では、コミュニケーションがとれているとはいいがたい状況です。だいたい、家庭裁判所の役割を考えると、真の連携が可能なのかという点については、いささか不安が残ります。しかし、前述のように家庭裁判所の設立理念が、非行少年の健全育成や家庭の平和と健全な親族共同生活の維持を図ることであるという点は変更されたわけではないので、家庭裁判所の理念に添った社会に開かれる姿勢は、今後もその必要性が増すものと思います。

四　家庭裁判所の仕組みの特色

さて、裁判所の中ではこのような家庭裁判所の特色を具体化するために、家庭裁判所は地方裁判所などと異なったいくつか特別な仕組みをもっています。審判官の目の高さと関係人の目の高さが同じになるように、審判官の席を高くしていないとか、基本的に傍聴を許さないので傍聴席がないなどといった、手続き的にも建物の構造的にも配慮している点があります。

また人的配置などにも特色がみられます。その中でも特徴的なのは、個別の事案を調査あるいは診断する、今日の用語でいえばアセスメントやソーシャルワーク的な支援を実現するために、家庭裁判所には医務室技官である医師や、家庭裁判所調査官という人間関係科学の専門家とされる職種が配置されていることです。医務室技官には医師以外に看護師なども配置されていますが、医師では特に精神科医が任用される場合が多いので、心理職との連携の面でも新たな形が模索できるかもしれません。

家庭裁判所調査官の場合は、家庭裁判所調査官補採用試験を受けて採用され、相当手厚い研修を受けるのですが、その採用試験は最近試験区分が変わりました。心理学、教育学、社会福祉学などの心理職の隣接分野で受験できるので、心理職にとって比較的近い職種ということもできるかもしれません。実際に調査官には何人もの臨床心理士がおり、その業務のほとんどに心理的知識が求められるものになっています。そのため、心理アセスメントやカウンセリングを担当することもある職種です。

もっとも、このようにアセスメントを実施し、その結果を活用して判断を下すという手続きを導入していても、家庭裁判所としての最終判断は法律専門職である審判官が行います。それが裁判所というところなのです。先の医務室技官や家庭裁判所調査官はこのような仕組みの中で補助職として位置づけられており、その業務内容が家庭裁判所の手続きの中で非常に重要なものであるとしても、最終決定権をもつという構造になっていないことは意識しておく必要があります。外と連携する役割は、家庭裁判所調査官がとる場合が多いと思いますが、彼らは最終決定権をもっているわけではなく、例えるなら中間管理職的で、こちらの要望を充分理解してくれたとしても、そこで決断を下すことはできないということです。このことは、裁判所との連携を考える際には重要なことで、個別事案に関しては審判官が最終決定権をもち、その裁判の進行手続きの管理に関しては書記官が権限をもつというのが原則なのです。

医務室技官である医師が事件に関して前面に出てくることは非常にまれです。その一方、家庭裁判所調査官は社会とのインターフェースの役割を担っており、調査だけではなく、さまざま場面で登場してきます。個別の事件に関しては、家事事件と少年事件とで若干手続きや対応が異なるのですが、家庭裁判所調査官は手続きのある段階からある段階までというように限定的に関与しているのが実情です。特に家事事件の多くは家庭裁判所調査官の関与が全くないままで手続きが進みますので、そのうち連絡があると思っていると肩すかしをくうということもあります。家庭裁判所と連携をしようとする場合、連携の内容が手続き全般に及ぶものなのか、それとも家庭裁判所調査官や医務室技官といった、裁判を補助する者の権限の範囲内で連携しようとするものなのか、ということを確認しておくことは大切なことのように思うわけです。

五　自分の立場の明確化

一方、司法機関との連携を考える場合、自分の機関あるいは自分の立場が家庭裁判所にとってどのようなものであるかということも考える必要があります。児童相談所や少年鑑別所のように、その機関の手続きが当然に家庭裁判所の手続きの一部と連結している場合もあれば、外部の医療機関であったり学校のスクールカウンセラーであったりというように、日常手続きに組み込まれているわけではないものの一定の連携が期待されるもの、あるいは全く連携が予定されていない立場で、例えば子どもの非行に関して個人的に相談を受けていたカウンセラーが家庭裁判所に意見を申し述べるといったような場合もありうるわけです。もちろん、どのような立場かによって家庭裁判所の対応は大きく違いますので、特に一回限りの場合には工夫が必要です。筆者はそのようなときは認印を押した「上申書」を作成するなど、なるべく文章を作って提出するようにしています。

六　家庭裁判所への注文

次に、これまで家庭裁判所との連携を経験したことのある心理職や福祉関係者に対し、研究会の折りなどにアンケートした結果を紹介します。

家庭裁判所と連携しようとした際に困ったことや、手続きに対する印象を聞いたところ、以下のような課題が指摘されました。もちろん、「どんな当事者に対しても分け隔てなく誠実に対応している」などといった、肯定的な意見もあるのですが、ここでは課題とされていることだけ紹介しますので、お許しください。なお、これらの指摘は根拠の有無とは無縁に、実感に基づくものですので、なかには「ぬれぎぬ」ではないかと思うものもあるのですが、要約すると次のようなところです。

○「事前に相談しても請け合ってくれない」
○「こちらが苦労しているのをわかってくれない」
○「わかりにくい言葉を使う」

○「仕事をやる気がない」
○「判断をしたがらない」
○「遅い」
○「こちらを信用してくれない」
○「無理をおしつける」
○「資料の提出を求めすぎる」
○「枝葉末節な注文が多い」
○「秘密が守れない」
○「途中経過や結果を教えてくれない」

充分な連携をとるには、互いに相手の役割や特性を理解することが大切なことは言うまでもないのですが、一般に家庭裁判所が離婚や非行の問題などを担当する裁判所という程度のことは知っていても、具体的にどのような手続きにしたがってどのような役割が果たされているかは、外部からはみえにくい構造があります。その理由として、裁判所はあまり宣伝が上手でないという面が指摘できます。先のような感想が聞かれるということについては、家庭裁判所側もそれが誤解ならその誤解を解く努力が必要でしょう。しかし、単に誤解にとどまらない、家庭裁判所特有の課題があり、その大きな理由の一つに家庭裁判所は扱う事件を非公開にしているという点があげられます。

七　守秘義務をめぐって

本来、裁判手続きは公開でなければならないと、憲法第八二条は定めています。ですから家庭裁判所の非公開の手続きは、憲法の求める裁判公開の原則の例外となるわけです。非公開の理由としては、家庭裁判所の取り扱う事件の内容が、そもそも家庭内の夫婦、親子といったプライバシーに深く関わるものなので、その内容が外部に漏れることによって、その後の家庭の平和や少年の健全育成がかえって妨げられるという可能性があるからです。それに、公開ということになれば、人前で話せない内容については誰も話さないため、事実を明らかにする妨げになったり、必要以上に相手の非を主張して、話し合いの場というよりも紛争をこじらせて修羅場と化したりするなどの心配があるなど、さまざまな配慮が必要とされるからでしょう。

ところで業務上の守秘義務をもち、クライエントから得た情報をほかに漏らしてはならないということは、我々心理臨床に関わるものにとって基本中の基本であり、常識以前の問題ともいえます。しかし、家庭裁判所が守秘義務という場合、カウンセラーがもっている守秘義務と似たものですが、その扱いに関してはいささか違いがあるように感じられます。一つは、家庭裁判所は単に裁判官や調査官といった職種がもつ守秘義務ということだけではなく、家庭裁判所という機関そのものがもっている守秘の問題があるからです。もちろん、このような問題は公務員全体に（それが地方公務員であれ国家公務員であれ）守秘義務が課せられているのと同様に、裁判所職員もすべて国家公務員であり、そこで一般的な秘密を守る義務を負います。また同時に、機関としての守秘義務をもつことになります。しかし、それにとどまらず、司法機関は、警察などに似た非常に高度な機関としての守秘義務を負うという面があります。そのことは、関係者を守り、加えて真実を発見するという手続きの要請から、当然のことということができます。その結果、裁判所は外部と連携するときに、どこまでのことを話してよいのか、またどこまでのことを聞いてよいのかということに関して、非常に神経を使っています。司法機関という特性上、実際の家族や子どもたちの生活状況を裁判所職員が最初から知っていることはまずありません。当事者からの申し立てや事件の送致に基づいて、全く白紙の状態から情報を集めるという作業を行うのが司法機関の宿命ですから、裁判所の姿勢としては連携をする際、その連携の中からたくさんの情報を得ようとはしますが、知っている情報を現場に対して返していこうという姿勢はどうしてもとりにくい状況にあります。

このことを前提にすれば、家庭裁判所との連携では、どうしても我々が家庭裁判所に対して一つ一つのケースについてより深く理解してもらうための情報を積極的に伝え、それに基づいて一定の判断や行動を家庭裁判所に期待をする、しかし家庭裁判所側からはあまり情報がもらえないという、やや一方通行的な連携を想定せざるを得ないことになりそうです。

八 通告義務

例えば、児童虐待防止法は、児童虐待を発見した場合には速やかに通告することを義務づけています。また児童福祉法も、不適切な子育てをしていることを発見した場合の通告を義務づけています。この義務は、心理臨床家を例外においてはおらず、むしろ子どもや家族に関わる臨床家には積極的に通告することを求めています。しかし、心理臨床家や、時にその指導に当たる方の中にも、守秘義務をたてに通告をしない、あるいは躊躇する例がみられます。もちろん、このように躊躇するのは、教師や医師にもみられることですが、それぞれの職種によって、通告しない理由にやや差があるように感じています。特に心理臨床家の場合、守秘という点での気がかりがあるように思われます。秘密を守ることを前提にした面接で知り得た児童虐待の可能性を、児童相談所などに通告することにためらいがあるのはもっともでしょう。しかし、そのような状況になるからこそ、法は通告を義務づけたわけです。ところが、心理の世界では、職業倫理としての守秘と法律上の義務とではともすると守秘が優先され、法的義務が後になるという場合や、そのことで葛藤を起こすことがまれではありません。

しかし、裁判所の考える守秘や権限は法的根拠の有無を第一基準としますから、職業倫理上の守秘義務といったようなレベルではなく、話したり伝えたりすべきことが定められているものについては、伝えたり話したりする義務がありますが、そうでない、つまり法的根拠のない場合には、その内容や善意、悪意にかかわらず、話し伝えてはならないというだけのことです。ですから、用語やそれが示す概念に関しては、心理領域のほうがよほど複雑で場面に応じて使い分ける必要があり、一方法律用語は概念を正確に、誤解なく伝えることに価値をおいていて、その意味では理解できればあとは簡単なようにも思います。

ちなみに、ここで使った「善意、悪意」という意味も、法律用語としては「事情を知らないこと、知っていること」を意味するのであり、一般につかう善意か悪意かということとは別次元の話なのです。

九 「事前に相談しても請け合ってくれない」「途中経過や結果を教えてくれない」

もちろん家庭裁判所も、下した決定が効果をあげるため、家庭裁判所が必要だと判断した情報を外部に伝えるということはあり得ます。しかし、このことは事前に行われることは少なく、あくまで司法機関としての一定の方針なり決定が出されたのちにはじめて伝えられることが多いのです。具体的な場面でよく経験するのは、福祉機関の職員が家庭裁判所に対して申し立てをする前に、結果を打診する、あるいは根回しをするというような行動をとることです。ある児童相談所が、児童虐待をされている児童を親から離して施設に入所させたいと考えた、ところが親が反対をしているという場合には、家庭裁判所の家事審判事件として扱う必要があるため、実際は児童相談所長が家庭裁判所に、施設入所の同意を求める審判の申し立てを行うことになります。しかしその前に、担当者が家裁に対して申し立てをした場合、その申し立てが認められるかどうか不安なため、問い合わせる場合などがそれなのです。家庭裁判所としてはその段階で「一〇〇パーセント認めますよ」と言えるはずもなく、「そうですか。そのような事情があるのなら申し立てていただければ前向きに検討します」と言うのが親切なほうで、「相当の理由があれば認めることになります」という返事が正しいわけです。いずれにせよ、それ以上のことを申し立て前の段階で答えられるはずがないのです。

ところが、相談に行った職員にすれば、いつも各種の会議で児童虐待についても前向きに取り組むと言っている家庭裁判所が、具体的な事例をもっていった場合に、結論は言えない、あるいは大丈夫かどうかは申し立ててみなければわからない、という言い方をするということは、申し立ては無理と事実上門前払いをされたというように理解してしまうわけです。その結果、「家庭裁判所に相談に行ったら認められないと言われた」というように広まっていきます。このような結末になるのも、家庭裁判所がどのような仕組みや機能をもち、どのように意思決定をするのかという点について理解されていないことによる誤解からだと考えられます。つまり、裁判所では最終的には裁判官が判断し、通常受付窓口あるいは相談の窓口の役割を果たす書記官や家庭裁判所調査官たちは結論を推測してはならないと徹底されており、事前に根回しした上で判決結果を聞きに行くこと自体がナンセンスであるということを充分理解できていないところからくる誤解なのでしょう。

十　言葉の難しさ

裁判所で用いられる用語が非常に難解で、理解しにくいということはよく指摘されます。少年法は審判を「懇切を旨とし、和やかに行う」と規定しており、通常の手続き場面で法律上の専門用語を振り回せばよいというものでないことはもちろんです。その一方で、専門用語というものは厳密な概念を示すために、ある程度の難解さを伴うもので、ひいき目にみても、法律用語に比べて心理学の用語のほうが理解しやすいとはいえないと思います。

ところで、連携の際に注意すべきことは、「守秘義務」のように、同じ用語が異なる領域で用いられている場合です。この場合には、同じ用語が異なる概念として用いられる場合が少なくないからです。このことに注意しないと、無用な混乱をもたらしたり、誤解を生じたりするきっかけとなるように思います。

十一 「仕事をやる気がない」「判断をしたがらない」「遅い」

とかく日本の司法手続きは、時間がかかりすぎるとの指摘がなされています。このような印象はそのとおりなのかもしれません。もっとも裁判所というところは通常考えられる以上に判断のための証拠を大事にします。その収集に時間がかかる場合や、家庭裁判所の特徴として現在進行形で事態が変化する事案を審理することが少なくなく、即断できないという場合もありうるのです。例えば、両親が別居して、その際母に引き取られた子どもが今後も母のもとで暮らすことでよいかどうかを判断するには、母の生活の安定状況をみて考える必要があるといったことです。

また、国家機関としての家庭裁判所は、単に思いがあれば活動してよい、かわいそうな人がいればこちらの役割や権限はともかく支援に邁進すべきである、というような行動原理では動いていません。仮に何か活動する、それが電話一本かけることであろうと、はがき一枚書くことであろうと、いかなる権限や根拠に基づいてその行動をとるのかという行動の根拠を求められるのです。このことも、普段行動の根拠をあまり考えることのないカウンセラーにとっては、非常に冷たく感じられたり、配慮のない活動形態と受け取られたりすることでしょう。しかし、司法機関である家庭裁判所がその担当者の恣意に基づいて、何の根拠もなく他人に働きかけることは、その受け手にとって、あるいは第三者にとって小さくない影響を与える可能性があります。あの家庭には家庭裁判所から郵便が届いたとか、あの子には家庭裁判所から電話がかかってきたということが、その行為を行った職員の思いとは違った影響を与えることは想像に難くはないでしょう。それゆえ、司法機関はどうしても消極的ととられる姿勢をとりがちです。そして、そのことは、ほかの方々からは非常に冷たい、血の通わない対応と映る場合があります。

十二 「信用してくれない」「無理を押しつける」「資料の提出を求めすぎる」「枝葉末節な注文が多い」

これらの注文も、その多くは、家庭裁判所が証拠として必要なものと、その理由とが充分に理解されていないという点から生じているように思えます。家庭裁判所は関係機関などが調べた資料を再度確認する作業を行います。ですから、関係機関が間違いないと思っていても、裁判所はそのまま鵜呑みにするわけにはいかないのです。また、時に審判に必要な資料が「あるのならば」提出してほしいと言われる場合があります。すでにおわかりと思いますが、この場合には不可欠であると言っているのではないのですが、聞き手のほうは、「必要なものは、これとこれですね。わかりました」という調子で引き受けてしまい、その収集に苦労している場合をみかけます。家庭裁判所の手続きに関係者が協力することは当然で、特に申し立て時には証拠の原本や謄本も提出するように求められていますから、あるものはせいぜい出したらよいわけですが、ないものを求められたときには、まずその必要性と、ほかのもので代替できる可能性を確認する必要があります。本来、法律や規則で提出が定められているもの、例えば申し立て時の戸籍謄本など以外は、個別事案ごとに要不要が判断される性格のもので、また提出の必要性も異なるというものです。家庭裁判所の手続きは、職権主義という、家庭裁判所自身が証拠を集めて判断できる機能をもっていて、そのためにこそ家庭裁判所調査官がいるのですから、できる範囲で積極的に協力したらいいのです。

特に申し立て手続きを行うときに、どのような書類が必要かを聞いてくることは大事なことですが、どうかすると家庭裁判所がこれから調べる内容のすべてを伝えられることがあり、そのまま真に受けると膨大な資料を収集することになります。家事事件などの申し立ては、比較的簡単な書類ですむようになっており、場合によっては口頭でもよいと定められているのですから、家庭裁判所にはその点に配慮した窓口対応をしてほしいものだと思います。特に最近行政機関などが、個人情報保護などを建前として、情報開示に応じない例が多く、一個人が資料の収集を行うということが難しくなっています。この傾向は家庭裁判所が照会した場合でも同様で、調査が難しくなっているため、家庭裁判所の受付担当が何が何でも資料を提出するように求め、申し立てる側は、無理難題に近い要求をされたと感じている事例もあります。家庭裁判所には必要最低限の資料で申し立てを受けつけるという、司法手続きの原点に立ち帰ることを望みたいものです。

十三 「秘密が守れない」

先に述べた厳格な守秘義務に反する話ですが、実は家庭裁判所の手続きから情報が漏れるということがないわけではありません。その危惧は二つあり、一つは手続きの中で関係者が記録の閲覧や謄写つまりコピーを希望する場合です。この場合、自動的に許可されるのではないのですが、裁判官がかなりラフに許可してしまう例がないわけではないので、資料を提出する場合には、開示される可能性があるかどうかを確認し、みせてほしくない場合にはその旨強く申し入れておくことも必要でしょう。また、審判決定時に、その「審判書」つまり判決文の中で、理由の一部として詳細な内容や関係者の居場所などが記載されてしまう例もあります。審判書の信用度を上げるためや、手続き上欠かせない条件になっている場合などもありますので、なかなか難しいですが、やはり公表されては困る場合にはその旨主張したらよいと思います。

十四　連携の可能性

最後に少年事件と家事事件に分けて、連携の可能性に触れておきます。

家事事件の場合には、申し立て前の段階でカウンセラーがさまざまに相談に乗り、家事事件の手続きに並行する形でさまざまな支援を行う余地があります。筆者の経験でも、家族関係に悩むクライエントのカウンセリングを続ける中で、エンパワーされたクライエントが具体的に自分の人生を切り開くために離婚を決意し、家庭裁判所に申し立てるというような場合があります。また離婚調停中、非常に不安定になるのでカウンセラーのところに相談する例もあれば、家族の葛藤をまともに受け止めた子どもが問題行動を頻発しカウンセラーのところに来るという場合もあります。裁判所からなんらかの依頼を受ける立場を除けば、カウンセラーは申し立て人、もしくは相手方を支援する形で家庭裁判所と出会うことになります。筆者の基本的な方針としては、クライエントの意向に添う形で、さまざまな機会に情報が的確に家庭裁判所に伝わるよう、裁判所宛ての文書（これはメモないし覚え書きのようなものでよく、タイトルは「上申書」とする場合が多い）を作り、申し出人に持参してもらうというようなことをしています。読み手は調査官の場合もあれば、調停員の場合もありますが、単に口頭で言うだけではなく書類にしてもっていった場合、受け取った裁判所側がそれをゴミ箱に捨てるということはなく、なんらかの形で記録に編綴されるため、言った言わないの問題ではなく、なんらかの一定の影響力を行使することができます。

十五　おわりに

以上述べたとおり、家庭裁判所はその機能の特殊性なども手伝って、とっつきにくく手強い相手で、パートナーとして対等性や相互性を確保することも難しく、なかなか連携を発展させることができないようです。

しかし最近は、家事事件も少年事件も複雑多様化し、家庭裁判所としても有効な外部情報をきちんと集めきることが求められています。そのような変化の兆しあるところから、今後の心理職の認知が高まるものと期待します。

連携も視野に入れて、一度、家庭裁判所や地方裁判所の見学に行ってみてください。

（立命館大学産業社会学部　　野田　正人）

◆執筆者（五十音順）

大場　義貴（中部学院大学人間福祉学部）

川瀬　正裕（金城学院大学人間科学部）

丹治　光浩（花園大学社会福祉学部）

野田　正人（立命館大学産業社会学部）

藤田美枝子（静岡県中央児童相談所）

渡部　未沙（大妻女子大学学生相談室）

❑著者代表略歴

丹治　光浩（たんじ　みつひろ）

1956年、兵庫県生まれ。中京大学心理学科を卒業後、浜松医科大学、国立療養所天竜病院、メンタルクリニック・ダダなどを経て、現在、花園大学社会福祉学部教授。臨床心理士。医学博士。

著書『こころのワーク21』（単著、ナカニシヤ出版）、『医療カウンセリング』（共著、日本文化科学社）、『心理学ああだ、こうだ』（編著、法研）、『自分さがしの心理学』（共著、ナカニシヤ出版）、『失敗から学ぶ心理臨床』（編著、星和書店）など。

心理臨床実践における連携のコツ

2004年９月７日　初版第１刷発行

編著者　丹　治　光　浩

発行者　石　澤　雄　司

発行所　株式会社　星　和　書　店

東京都杉並区上高井戸1-2-5　〒168-0074

電話　03（3329）0031（営業）／03（3329）0033（編集）

FAX　03（5374）7186

　Printed in Japan　ISBN4-7911-0549-4